KB148250

윌리엄 유리
하버드 협상법

GETTING TO YES WITH YOURSELF
; How to get what you truly want
by William Ury

하버드 협상연구소 설립자가 말하는 진정 원하는 것을 얻는 6단계

윌리엄 유리 하버드 협상법

• **윌리엄 유리** 지음 | **박미연** 옮김 •

트로이목마 TROJAN HORSE

하버드 협상연구소 설립자가 말하는 진정 원하는 것을 얻는 6단계
윌리엄 유리 하버드 협상법

초판 1쇄 발행일 2023년 1월 23일

지은이 윌리엄 유리
옮긴이 박미연
펴낸이 박희연
대표 박창흠

펴낸곳 트로이목마
출판신고 2015년 6월 29일 제315-2015-000044호
주소 서울시 강서구 양천로344, B동 449호(마곡동, 대방디엠시티 1차)
전화번호 070-8724-0701
팩스번호 02-6005-9488
이메일 trojanhorsebook@gmail.com
페이스북 https://www.facebook.com/trojanhorsebook
네이버포스트 http://post.naver.com/spacy24
인쇄·제작 ㈜미래상상

ISBN 979-11-87440-02-4 (13190)

* 책값은 뒤표지에 있습니다.
* 잘못된 책은 구입하신 곳에서 바꾸어 드립니다.

* 이 책은 《하버드는 어떻게 최고의 협상을 하는가》의 개정판입니다.

개정판 서문

내 평생의 열정은 사람들이 '예스Yes'를 얻어낼 수 있도록 돕는 일이었다. 나는 늘상 이 질문에 관해 매우 진지하게 의문을 품어왔다 : 어떻게 우리 각자의 다른 점을 비효율적이 아닌 좀 더 건설적이고 생산적으로 바라볼 수 있을까?

대학에서 나는 타문화를 아우르는 폭넓은 시각을 통해 이 의문의 해답을 찾고자 인류학을 공부했다. 비공인 파업, 대규모 투옥 사태 그리고 폭발물 위협 등, 광부와 경영진의 첨예한 분쟁으로 악명 높던 켄터키 주 고지대에 위치한 탄광에서 박사학위를 위한 현장조사 연구를 진행했다. 단순히 분쟁을 공부하는 것만으로 충분하지 않다는 사실을 깨달았다. 또한 능숙한 실무자로서 역할을 해보고 싶기도 했는데, 그렇게 되면 우리 각자의 차이점을 해결하기 위해 맞닥뜨리는 현실적 문제들을 알아내고 좀 더 깊게 이해할 수 있으리라 생각했다.

해를 거듭하며 여러 다양한 방면의 사람들이 예스를 이끌어낼 수 있도록 돕는 영광을 누렸다. 초기에는 중재자로서 세입자와 집주인 간 작은 송사나 이의 제기 청구서 문제 등을 해결하는 일부터 시작해서, 가족 간 다툼, 사업 분쟁, 지역사회 갈등, 정치 정당들 사이의 막판합의, 심지어는 세계 도처에서 벌어지는 내전까지 중재하는 역할을 맡았다.

오랫동안 백악관 중재 컨설턴트로서, 미합중국과 소련연방 사이에 혹시나 발생할지 모르는 핵전쟁의 위협을 차단하는 프로젝트에 몸담아왔다. 이러한 중재자나 협상 전문가로서의 경험을 통해서 나의 관심사항은 사람들, 조직, 기관 또는 국가가 상호 만족스러운 합의에 이르는 방법을 찾아내는 것이 되었다. 그것을 가로막는 가장 큰 장애물은 무엇이며 과연 어떻게 그것을 극복하는가? 나는 세상이 내 연구실이 되는 – 배움에 일체 부족함이 없는 – 호사를 누렸다.

처음 시작부터 갈등에 휘말린 조직이나 청중에게서 가장 많이 들었던 질문은 아마도 이것일 것이다. "저 역시 예스를 얻어내고 싶지만 만일 상대편이 완고하게 버티거나 공격적이고 나를 속이려 든다면 어찌 예스를 이끌어낼 수 있을까요?" 합의에 이르는 데 있어 상대방을 원천적인 장애물로 인식하려는 자연스러운 경향성을 나 역시 인지하고 있다. 그러나 아무리 힘든 상대라 할지라도 가장 큰 장애물은 상대편이 아닌 바로 내 쪽에 있다는 사실을 점차 깨달았다. 마주하거나 인정하기 힘들지만, 인생에서 자신이 진정으로 원하는 것을 얻게 해주는 이는, 다름 아닌 매일 아침 자신이 보는 거울에 비친 인물이다. 그 깨달음의 순간이 이 책의 태동이 되었다.

그래서 밖으로만 향하던 눈을 돌려 나만의 협상 경험을 들여다보기 시작했다. 딸 개비Gabi Yuri의 15번에 걸친 수술로 의료 시스템을 경험한 나의 사적인 어려움부터, 베네수엘라 대통령 우고 차베스Hugo Chavez가 그의 내각 관료 앞에서 나를 30분 동안이나 호통쳤던 일들까지 내 경험을 상기했다. 나는 여전히 참여 관찰 방법론을 연구하는 인류학자였지만, 그 당시 내 관심사는 나 자신이었다.

처음에는 내게 도움이 될 만한 요소들을 실제 상황에서 내가 기억하고 시험해봤던 내부 협상의 간단한 프레임으로 발전시켜보려고 노트에 적어두었다. 이 프레임을 친구나 동료들과 나누고 여러 번의 수정을 거친 끝에 책으로 만들고픈 영감을 얻었고, 마침내 독자들에게 소개하게 되었다. 때때로 나는 "앙코르! 앙코르!"를 외치는 청중에 화답하는 오페라 배우가 된 듯한 기분이 되어서 6번의 커튼콜을 마치고 청중을 바라보며 물었다. "제가 몇 번이나 더 이 아리아를 부르기를 원하나요?" 그러면 청중은 "당신이 됐다고 생각할 때까지요."라고 답했다.

내가 집필했던 여러 책 중 이 책은－써진 내용을 보면 그리 놀랍지 않듯－나의 가장 개인적인 내용을 다루고 있다. 글쓰기는 즐겁고 영광스러운 작업이었고, 집필을 하면서 나는 내 인생뿐만 아니라 전문 협상가와 중재자라는 직업에도 엄청난 도움이 된 아주 값진 교훈을 얻었다. 이런 가르침은 외부로 드러나는 겉만 번지르르한 성공이 아닌 한층 고차원적인 내면의 만족을 가져다주었다.

《윌리엄 유리 하버드 협상법》은 영어로 출판되었을 뿐만 아니라 다른 여러 언어로 소개되어 세계 각국의 독자들과도 만나고 있고, 독자들이 이 책을 읽고 큰 감명을 받았다는 소식에 나는 매우 기쁘다. 많은 이들이 이 책이 어떻게 난공불락 같은 상대편, 자기 자신, 나아가서는 자기 주변의 다른 이들과 협상하는 데 도움이 되었는지 들려주었다. 그들의 의견을 새기며, 이 보이지 않고 내면에 깊숙이 자리잡은 역경들이 세상 도처에 팽배해 있다는 사실과, 그럼에도 불구하고 그 가장 어려운 문제가 자신의 가장 든든한 아군으로 변모할 때 맛보는 크나큰 보상 역시 나를 사로잡았다. 이러한 과정이 '자신으로부터 예스 이끌어내기'로 귀결되었다.

우리는 인생에서 원하는 것을 얻기 위해 엄청난 시간을 쏟아붓고 있지만, 실상 우리 자신에게 내가 정말 원하는 것이 무엇인지 묻지 않는다. 종종 우리가 싸워 얻어내려는 것이 자신이 원하는 바가 아닐 수 있다. 그것은 내면 깊이 숨겨져 있거나 감출 필요가 있을 때도 있다. 직장에서 승진하고 자식이나 동료와의 언쟁에서 옳은 소리를 내는 등, 겉으로 훤히 드러나는 것이 우리가 진짜 원하는 것은 아닐 것이다. 그보다는 마음 안에 있는 내적 만족감과 안정이 우리가 진정으로 원하는 바이다. '자신으로부터 예스 이끌어내기'는 그래서, 단지 자신이 원하는 것을 '얻는' 것이 아니라 진심으로 자신이 원하는 것을 '이루는' 것이다.

나의 큰 소망은 이런 실용적인 방법들이 나에게 도움이 되었듯이 여러분들에게 그리고 여러분의 인간관계와 협상 기술에 도움이 되었으면 하는 것이다. 당신이 진정으로 원하는 것에 무한한 성공과 내면의 자기만족이 함께하기를!

콜로라도, 볼더에서

윌리엄 유리

한국 독자들을 위한 서문

한국 독자들에게 인사드리게 되어 무척 영광스럽고 기쁩니다.

큰 즐거움을 안겨준 몇 번의 한국 방문으로 저는 한국인과 한국의 문화 그리고 한국의 유구한 역사를 제 마음 깊이 새길 수 있었습니다. 지난 70여 년간 한국이 이룬 눈부신 경제적 · 사회적 발전에 저는 진심으로 경의를 표합니다. 이는 참으로 감동적입니다. 또한 여전히 분단국가로서 전쟁이 완전히 종식되지 못한 어려운 상황임을 저 역시 인지하고 있습니다.

우리는 지금 대립, 팬데믹, 경제적 악재 그리고 기후변화가 불러온 극심한 이상기후 등으로 매우 힘겨운 시기를 지나고 있습니다. 그렇지만 인류의 번영과 평화 또 안녕을 위한 그 어떤 인간의 권리가 가정, 직장 그리고 우리 사회에서 상호 간 만족스러운 합의를 이루고 조율하는 능력보다 중요하진 않습니다.

저는 지난 40여 년간 선생님과 여러 분야의 – 가족 불화, 사업 분쟁, 사업 현장의 노동쟁의, 그리고 한반도 핵 협상을 포함한 세계 각지의 갈등과 전쟁 – 협상 중재자로서 일해온 영광을 누렸습니다. 이 과정에서 저는 모두의 이해관계를 충족하면서 반목으로 인해 피폐해진 관계를 더욱더 공고히 만들어줄 수 있는 현명한 합의점이 무엇인지 찾아보기로 했습니다. 저는 어려운 협상 주제 예컨대 불신이나 힘의 균형이 팽팽히 경직된 상황 등 합의에 도달하기 위한 힘든 난관을 극복하기 위해서 어떻게 해야 하는가에 대해 특별한 관심을 기울여왔습니다.

제가 찾아낸 해답은, 다른 여러 어려운 요인들은 차치하고, 가장 힘든 상대는 매일 대면하는 거울에 비친 인물, 바로 자기 자신이라는 사실입니다. 우리는 종종 공포심이나 분노가 생기면 그에 자연스럽게 반응하려는 습성을 통해 자신만의 방식으로 만족감을 얻으려 합니다. 그러나 협상에서 최고의 기회는 자신 안에 있는 상대(적수)를 믿을 수 있는 자기 편으로 만드는 것입니다. 자기 자신으로부터 예스를 이끌어낼 수 있다면 타인에게서도 수월히 예스를 이끌어낼 수 있습니다. 단련은 자기 연마로 시작하기 때문입니다.

협상 기술의 으뜸은 단연코 상대방에 귀 기울여 경청하는 것입니다. 특히 서로 의견이 엇갈릴 때는 더더욱 그러합니다. 어떻게 하면 상대방의 입장이 되어 '내가 만약 그였다면 어땠을까?' 하고 느끼는 방법을 터득할 수 있을까요? 딱 들어맞는 표현이 영어에는 없지만 저는 이 한국말에 큰 감명을 받았습니다. 바로 '눈치'라는 말입니다. 의미는 상대편의 의견을 들어 그의 기분을 알아차리고 그 심정을 헤아려서 표현하는 섬세한 기술을 말합니다. 이 눈치는 먼저 자신의 감정을 듣고 헤아리는 것으로 시작해야 합니다. 그것이 바로 자신으로부터 예스를 이끌어내는 요령입니다.

제가 터득해온 배움, 즉 우리가 직면한 가장 선행되고 가장 중요한 협상을 어떻게 이룰 것 인가를 저는 이 책을 통해 나누고자 합니다. 그렇게 할 수 있다면 우리는 내적인 그리고 외적인 합의점에 도달할 수 있습니다. 그리하여 우리의 관계는 좀 더 건강히 우리의 가족은 좀 더 행복하게 우리의 일터는 좀 더 생산적으로 그리고 세상은 좀 더 평화로워질 수 있습니다.

저의 무한한 존경과 감사를 담아 한국의 독자들이 자신으로부터 그리고 자신의 주변으로부터 예스를 이끌어낼 수 있기를 기원합니다.

차례

• 6단계 •

베풀기와 되돌려받기

협상을 마치며

세 가지 승리

협상에 들어가며

첫 번째 협상

"세상을 바꾸려는 자라면 먼저 자신부터 바꾸도록 하라."

_소크라테스

우리는 타인으로부터 어떻게 "예스Yes"라는 말을 이끌어낼 수 있을까? 직장 동료나 상사 또는 고객이나 거래처 직원, 심지어 가족이나 자녀, 사실상 우리가 상대하는 모든 사람들과의 관계에서 자연스레 발생하는 문제들을 어떻게 해결할 수 있을까? 살면서 우리 자신이 정말 원하는 것을 얻고 그와 함께 타인의 요구를 충족시킬 수 있는 방법은 무엇일까? 아마 이보다 더 어렵고 보편적인 인간사의 딜레마는 없을 것이다.

나는 직업상 이 딜레마를 수년간 연구해왔다. 약 40년 전 영광스럽게도 나는 고인이 된 내 멘토이자 동료였던 고故로저 피셔Roger Fisher와 《YES를 이끌어내는 협상법Getting to Yes》을 공동 집필하였다. 이 책은 사람들에게 직장이나 가정 또는 지역사회에서 타인과 타협하는 방향을 제시해주었으며, 전 세계적으로 1,300만 부가 넘게 팔려나갔다. 이 책은, 독자들이 자신들의 마음속에 오랫동안 자리잡았던 윈-루즈win-lose의 개념을 윈-윈win-win 또는 상호 이익mutual gains의 개념으로 바꿀 수 있도록 도움을 주었다.

그러나 서로 만족스러운 합의를 이끄는 것은 매우 어려운 일이다. 《YES를 이끌어내는 협상법》 집필 이후 상호 이익 협상 방법mutual gains negotiation을 수많은 계층의 사람들-사내 관리직, 변호사, 광부, 학교 선생님, 외교관, 정치가 또는 공무원들-에게 가르칠 기회를 가졌다. 다수는 윈-루즈 이론에서 윈-윈의 개념으로 전환하는 데 성공했지만, 어떤 이들은 힘들어했다. 그들은 타협의 윈-윈 접근방식의 기초를 배웠음에도 대립 상황이 되면 또 다시 손실이 크고 부정적인 윈-루즈 방식으로 되돌아가곤 했다. 대개 이 경우는 버거운 대상을 상대할 때 일어났다.

내가 하는 연구가 대체로 어려운 상대와 부담스러운 상황에 처할 때 '어떻게how to'에만 집중되어 있었기 때문에, 나는 후속작으로 《혼자 이기지 마라Getting Past No》와 《No, 이기는 협상의 출발점The Power of Positive No》 등을 집필하였다. 이 책들은 많은 이들에게 일상생활에서의 다양한 문제를 해결할 수 있는 방법들을 보여주었다. 그럼에도 여전히 나는 뭔가 부족하다고 생각했다. **내가 깨달은 부족한 그 무엇은 바로, 가장 우선시되고 중요한 '나 자신과**

의 협상'이었다. 나 자신으로부터 예스를 이끌어내는 것이 곧 다른 이들에게서 예스를 이끌어내는 방법이 될 것이라고 생각했다. 나는 이번 책을 전작《YES를 이끌어내는 협상법》에서 채우지 못한 절반의 부족한 부분이라 생각하며 집필했다. 이는 반드시 필요한 내용이지만, 40여 년 전 나는 이것이 얼마나 중요한지 충분히 알지 못했다.《YES를 이끌어내는 협상법》이 외부적인 협상의 방법을 변화시키는 것이라면, 이 책《윌리엄 유리 하버드 협상법Getting to Yes with Yourself》은 자신의 내면을 바꿔서 외부적인 변화까지 이끌어내는 방법이다.

결과적으로 우리가 자신으로부터 예스를 이끌어내지 못한다면, 힘든 상황 속에서 어떻게 남들로부터 예스를 이끌어내는 것을 기대할 수 있겠는가?

가장 소중한 상대편

우리는 좋든 싫든 관계없이 매일 협상한다. 넓은 의미로 '협상negotiation'은 단순히 어떤 합의점을 찾기 위해 두루 하는 의사소통을 의미한다. 여태껏 나는 사람들에게 이러한 질문을 해왔다.
"당신은 하루 동안 누구와 협상하나요?"

대부분 그들의 배우자나 파트너 또는 자녀들 더 나아가 직장 상사나 동료, 거래처 의뢰인 등이었으며, 마지막으로는 '인생에서 관계 맺는 모든 이들'과 '항상'이라는 답이었다. 그러다가 한 사람이 "저는 매일 저 자신과 협상합니다."라고 대답했고, 청중들은 당연하다며 웃었다. 인정의 웃음이다.

우리가 협상을 하는 이유는 합의를 이루기 위해서라기보다는 우리가 원하는 것을 얻기 위해서인 경우가 많다. 가족 간의 다툼이나 이사회의 분쟁부터 노동자들의 파업, 국가의 내전 같은 의견 대립을 오랫동안 보아오면서 내가 내린 결론은, **우리가 진정 원하는 것을 가로막는 가장 큰 장애물은 반대편이나 적이 아닌 바로 자기 자신이라는 것이다.** 우리 모두는 자기만의 방식으로 살고 있다. 시어도어 루스벨트Theodore Roosebelt의 현명한 명언처럼 말이다.

"당신이 가진 모든 문제에 책임이 있는 사람을 쫓아내야 한다면, 당신은 한 달 동안 앉아 있지도 못할 것이다."[1)]

때때로 우리는 자신의 진정한 관심사에 무심히 대응함으로써 스스로를 파괴하기도 한다. 사업상 논쟁에서는 언론에다 일방적으로 다른 사업자를 위선자라고 부르고 서로를 모욕하며 엄청난 비용의 법정 싸움을 하기도 한다. 또 민감한 이혼 과정에서는 남편이 자기 성질을 추스르지 못하고 부인에게 폭력을 행사하거나 거칠게 몰아붙여 가정을 위태롭게 만든다.

대립의 순간 자신의 위축된 태도는 승자와 패자라는 적대적인 마음가짐으로 나타나고, 내가 원하는 것을 얻거나 아니면 상대방이 가진다고 생각한다. 그러나 사실은, 둘 다 아니다.

이는 거대 기업이 시장 전체를 장악하느라 고군분투하거나 아이들이 장난감을 가지고 싸우는 일 또는 부족 간의 영토분쟁에서도 마찬가지로, '반드시 한 쪽이 져야만 상대 쪽이 이긴다'는 것을 불문율처럼 여기는 것이다. 설령 협조하고 싶어도 행여 상대방이 당신을 이용할까 봐 두렵기도 하다. 승자와 패자라는 사고방식은 결핍감에서 오는 것으로, 자신이 가진 것이 부족하다는 두려움 때문에 상대방을 희생시켜서라도 자신의 이익을 취하겠다는 것이다. 하지만 **대부분 윈-루즈의 사고방식은 양쪽 모두가 다 지는 결과를 초래한다.**

그러나 성공의 가장 큰 걸림돌이 오히려 큰 기회가 될 수도 있다. 타인에게 영향력을 행사하기 전에 자신을 먼저 자극하게 된다면 자신이 원하는 것을 얻을 뿐만 아니라 타인의 요구도 들어줄 수 있다. 말하자면 우리가 스스로에게 최악의 적수가 되는 대신에 최고의 동지가 돼주는 것이다. 나 자신이 적에서 동지가 되는 과정을 나는 '자신으로부터 예스 이끌어내기getting to yes with yourself'라고 명명하였다.

도전해야 할 6단계

나는 '자신으로부터 예스 이끌어내기' 과정을 여러 해 연구해오면서 나의 사적인 또는 직업적인, 그리고 타인의 경험들을 자세히 도출해보았다. 무엇이 우리가 내면으로부터 진정 원하는 것을 막고 있는지, 또 무엇이 우리의 욕구들을 충족하는 데 도움을 줄 수 있는지, 더불어 어떻게 남들과 함께 예스를 이끌어낼 수 있는지를 이해하려고 노력했다. 여태껏 내가 배워온 방법들을 여섯 단계로 분류했으며, 각 단계는 세부적인 내부 과제들을 포함하고 있다.

여섯 단계들이 때로는 상식적으로 여겨졌지만, 나는 이것들이 사람들 사이에서 평범하게 쓰이지 않고 비상식적이라는 것을 40년간의 연구를 통해 깨달았다. 당신은 아마도 일련의 과정 전부 또는 일부를 알고 있을지 모르겠으나, 이 모든 방법들을 집약해서 스스로 기억하고 그 방법을 지속적이고 효과적으로 잘 활용할 수 있기를 나는 희망한다.

요약하면 여섯 단계는 다음과 같다.

1. 자신의 입장에서 생각하기

첫 번째 단계는 자신의 가장 큰 적수를 아는 것이다. 바로 자기 자신. 이것은 매우 보편적인 것으로 끊임없이 자신을 평가하는 함정에 빠지는 것이다. 대신 반대로 자신을 마치 거래처의 중요한 고객을 대하듯 내재된 요구사항들을 공감하며 들어보는 것이다.

2. 자신의 내적 배트나(BATNA) 개발하기

대부분의 우리들은 다툼이 생기면 상대방을 원망하지 않기가 매우 힘들다. 1단계와 마찬가지로 그 반대로 해보라. 자신의 삶과 인간관계에 책임을 지는 것이다. 더 자세히 말하자면 당신의 내적 배트나BATNA Best Alternative To a Negotiated Agreement 즉, '협상 합의안이 아닌 최상의 대안'을 찾는 것이다. 남들과 상관없이 스스로 자신의 요구사항들을 누구의 도움 없이 잘 해결하고자 하는 자신과의 약속이다.

3. 자신의 시각을 재설정하기

결핍에서 생기는 자연스러운 두려움은 누구에게나 있다. 당신의 인생을 보는 시각을 바꾸도록 도전해보라. 자기만의 독립적이고 충분한 행복의 원천을 만들어보라. 행여 인생이 당신에게 좀 불친절해도 삶이 당신 편에 있다고 보게 될 것이다.

4. '존ZONE'에 머무르기

대립관계의 한가운데에 있을 때, 우리는 지난 일에 쉽게 화를 내거나 미래를 걱정하기 쉽다. 그러나 그 반대로 행동해보라. 현재의 시점에 머무는 것만이 당신이 진정한 만족을 경험하게 할 수 있는 힘을 주며 힘든 상황을 더 잘 해결할 수 있도록 해준다.

5. 그래도 그들을 존중하기

거절당했을 때 우리는 거절은 거절로, 개인적인 비난은 비난으로, 또 따돌림은 따돌림으로 대응하기 쉽다. 그러나 그들을 상대하기 어렵다 할지라도 존중과 포용으로 그들을 놀래켜보자.

6. 베풀기와 되돌려받기

물량이 한정적일 때는 윈-루즈 함정에 빠져 오직 자신이 원하는 것을 얻는 것에만 집중하기 쉽다. 마지막으로 도전해봐야 할 단계는 윈－윈－윈win-win-win의 접근 방법으로, 이는 받기보다 먼저 베푸는 것이다.

'자신으로부터 예스 이끌어내기' 과정은 30페이지의 다이어그램 도표처럼 순환식 과정을 통해 '내면의 예스inner yes'에 도달할 수 있음을 보여준다. 내면의 예스는 무한정으로 발전지향적인 수용과 존중의 태도로서, 처음에는 자기 자신에서부터 시작해 다음으로는 자신의 인생, 마지막으로는 타인을 향한 자세로 확장된다.

'자신에게 예스yes to self'는, 자기의 입장에서 생각해보고 자신의 내적 배트나BATNA(협상 합의안이 아닌 최상의 대안)를 발전시킴으로써 할 수 있다. 또 당신의 시각을 다시 새롭게 정비하고 현재의 시점에 머묾으로써 '자신의 인생에 예스yes to life'라고 말할 수 있게 된다. 마지막으로 '타인에게 예스yes to others'는, 그들을 존중하고 베풀기와 되돌려 받기를 통해서다. 이 모든 예스들이 하나의 내면의 예스가 되어 타인으로부터 손쉽게 예스를 이끌어낼 수 있고, 특히 힘든 상황을 해결할 수 있도록 해준다.

'내면의 예스'의 이해를 돕기 위해 책 전반에 걸쳐 나와 다른 이들의 경험을 이야기할 것이다. 나는 몹시 힘들었던 분쟁에서 중재자이자 협상 조언가로서, 회사 대표단이나 게릴라 지도자의 심한 압박 속에서도 나 자신을 관찰하고, 나의 즉각적인 반응을 멈추고, 존중하기 힘든 사람들을 배려해보는 훈련을 오랫동안 해왔다. 나는 외부로부터 예스를 얻을 수 있는 바로 그 협상원칙으로 내면으로부터도 예스를 얻을 수 있다는 사실을 알게 되었다. **외부 갈등을 해결할 수 있는 방법으로 내적 갈등도 풀 수 있는데, 만일 독자들 중 나의 전작을 읽은 독자가 있다면 익숙한 표현**

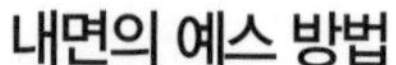

내면의 예스 방법

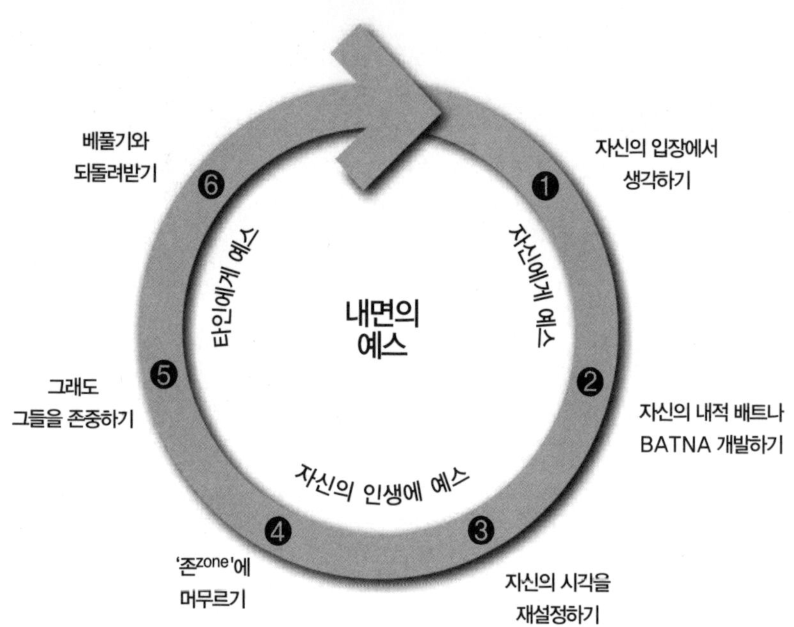

내면의
예스
자신에게 예스
자신의 인생에 예스
타인에게 예스
1
자신의 입장에서
생각하기
2
자신의 내적 배트나
BATNA 개발하기
3
자신의 시각을
재설정하기
4
'존zone'에
머무르기
5
그래도
그들을 존중하기
6
베풀기와
되돌려받기

을 찾을 수 있을 테지만 이 책에서는 완전히 다른 의미로 쓰였으며, 바깥보다는 안을 들여다보라고 강조한다. 나의 연구를 잘 알지 못해도 걱정할 필요는 없다. 이 책만으로도 충분하도록 잘 설명할 테니 말이다.

'자신으로부터 예스 이끌어내기'가 쉬워 보여도 결코 그렇지 않다. 사실 내 개인적인 경험이나 직업적 경험으로 비추어볼 때, 나 자신으로부터 예스를 구하는 과정이 나에게는 무척 힘든 일이었다고 말할 수 있다. 자기 자신에 귀 기울이고, 본인의 요구사항에 책임감을 가지거나 혹은 타인을 존중하기가 간단해 보여도, 우리는 이런 행위들을 우리가 인정하고 싶은 것보다 훨씬 더 많이 회피하고 있고, 특히 갈등 상황에서는 거의 하지 않는다. 나는 자신으로부터 예스 이끌어내기 과정을 되도록 단순화해서 직장 업무가 힘들어지거나 특히 감정적으로 격앙될 때, 좀 더 쉽게 활용할 수 있도록 해봤다.

우리가 어떤 역경에 처하더라도 충분히 감당해낼 수 있다는 것은 진리다. 우리가 원하는 것을 가질 수 있도록 해주는 최고의 무기가 우리 손안에 있는 것이다. 배우고 연마하며 현재의 습관들을 살피고 또 새로운 것들을 시도해보면, 우리가 공들인 시간이나 노력에 비해 훨씬 더 큰 만족이나 협상의 성공을 거둘 수 있을 것이다. 개인적으로 '자신으로부터 예스 이끌어내기'가 지금

껏 가장 감당하기 힘든 경험이었다고까지 말할 수는 없지만, 최고로 보람된 일이었다는 것은 분명하다.

이 책 이용하기

당신은 내면의 예스 방법을 다양하게 활용할 수 있다. 한 가지 방법은 중요한 협상이나 회담 전에 여섯 단계를 미리 연습해보는 것이다. 하루 전쯤 준비하는 것이 최상이지만 바쁘다면 단 몇 분 전이라도 괜찮다. 여섯 단계를 되짚어봄으로써 당신이 남을 대할 때 당신 자신이 최고의 반대자가 아니라 오히려 최고의 지지자가 될 수 있도록 도와줄 것이다. 책에서 나는 당신에게 어려운 상황이나 문제가 많은 인간관계를 늘 염두에 두라고 썼다. 그럼으로써 당신에게 나타난 문제들을 이런 방식으로 접근할 수 있다는 것을 배울 뿐 아니라 타인의 만족스러운 동의를 구할 때도 심리적으로 훨씬 더 준비가 되어있다는 것을 보여줄 것이다.

물론 그 전에 당신이 '자신으로부터 예스 이끌어내기' 여섯 단계를 수시로 연습했다면 협상 준비 과정은 훨씬 더 수월할 것이다. 마치 운동선수가 경기에서 최고의 성적을 내기 위해 꾸준히 훈련하는 것처럼 당신도 그렇게 하는 것이다. '자신으로부터 예스 이끌어내기'는 매일 하는 연습이지 어떤 특별한 행사를 위해 미뤄두는 것이 아니다. 자신의 내면을 들여다보는 것에 서툰 이들은 내면 들여다보기가 숙제처럼 좀 버거울 수 있다. 천천히 시도해도 괜찮다. 평생 산을 오르며 하이킹을 해온 나는 긴 여정도 작은 발걸음으로부터 시작한다고 믿는다.

궁극적으로 내면의 예스는 당신에게 살아가는 방식과 가정이나 직장 또는 세상 어디에서 만나는 그 누구와도 유대관계를 형성할 수 있는 방법을 제시한다. 많은 독자들이 나의 친구였던 스티븐 코비Stephen Covey의 《성공하는 사람들의 7가지 습관The 7 Habits of Highly Effective People》을 기억할 것이다. 이 책 역시 코비의 책처럼, 나 자신을 잘 추스르는 것이 남들과도 좋은 관계를 형성해서 성공하고 행복해지는 법과 같은 삶의 기술들을 보여주는 것을 목적으로 한다.

당신의 협상 능력을 좀더 효과적으로 발전시키는 데 도움을 주기 위해 이 책《윌리엄 유리 하버드 협상법》을 쓰는 중에 내 마음속에 좀 더 큰 목표가 생겼다. 그것은 순차적으로 당신의 인생이 더 나아지고, 당신의 인간관계가 더 건강해지고, 당신의 가족들이 더 행복해지고, 당신의 직장일이 더 생산적으로 바뀌고, 나아가 세상이 더 평화롭게 유지됨으로써 당신 자신이 내면의 만족에 도달할 수 있도록 돕는 것이다. 말하자면 당신의 인생이 좀 더 나아진다는 것을 의미한다. 나의 바람은 이 책이 인생이라는 가장 큰 게임에서 이길 수 있도록 당신을 도와주는 것이다.

1 단계

자신의 입장에서 생각하라

_ 자기 평가하기에서 자신 이해하기로

"자기 자신을 알라고? 내가 만약 나 자신을 알았다면, 난 숨어버렸을 것이다."

_ 요한 볼프강 폰 괴테

내면의 예스 방법

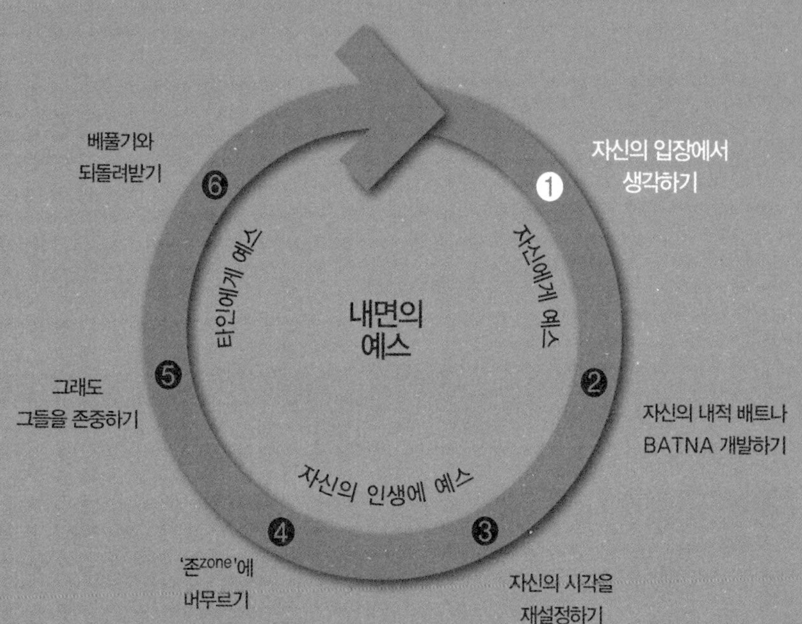

내면의
예스
자신에게 예스
자신의 인생에 예스
타인에게 예스
① 자신의 입장에서 생각하기
② 자신의 내적 배트나 BATNA 개발하기
③ 자신의 시각을 재설정하기
④ '존zone'에 머무르기
⑤ 그래도 그들을 존중하기
⑥ 베풀기와 되돌려받기

이 책을 집필하는 동안 나는 브라질 출신의 유명하고 성공한 사업가 아빌리오 디니즈Abilio Diniz 씨의 부인과 딸로부터 부탁을 받았다. 아빌리오는 그의 프랑스인 사업 파트너와 브라질에 있는 큰 슈퍼마켓의 이권 다툼으로 장기간 분쟁에 휘말려 있었다. 그는 아버지와 함께 작은 제과점부터 사업을 시작했다. 회사 경영에 필요한 주식수controlling share(전체 지분 중 최소 50% 이상)를 프랑스 파트너에게 팔았음에도 그는 여전히 대주주였다. 수년에 걸쳐 쌓아온 파트너십은 점점 안 좋은 방향으로 변했다. 두 건의 중요한 국제조정재판이 진행 중이었고, 언론의 끊임없는 뉴스거리가 되었다. 누가 이길까? 〈파이낸셜타임스The Financial Times〉는 이 분쟁을 "역사상 가장 거대

한 대륙 간 이사회 폭로전"이라고 일컬었다.[2)]

많은 시간과 재원을 써버린 아빌리오는 출구 없는 함정 속에 갇힌 듯 몹시 화가 나고 낙담한 상태였다. 대략 2년 반 넘게 끌어온 재판은 앞으로 8년 정도 더 계속되어 아빌리오가 80세가 될 때까지 진행될 것으로 예상되었다.

이 사건을 세세히 연구한 후에 나는 상파울루에 있는 아빌리오와 그의 가족들과 심도 있게 대화를 나눠보았다. 까다롭고 상대하기 어려운 프랑스 파트너만큼 아빌리오 그에게도 중요하고 근본적인 장애물이 있다는 것을 나는 직감할 수 있었다. 도도한 아빌리오는 그의 비즈니스 파트너들로부터 매우 부당한 대접을 받고 무시당한다고 느끼고 있었다. 그는 더 싸울지 아니면 그만둘지를 알지 못해 혼란스러워하고 있었다. 이사회 안팎에서 그는 자신의 이해관계에 반하면 화를 내곤했다. 대부분의 우리처럼 그의 최대 적수는 바로 그 자신이었다.

문제를 해결하기 위해 첫째로 해야 할 일은 아빌리오가 진심어린 우선순위를 정하는 것이었다. 나는 그에게 "정말로 당신이 원하는 것은 무엇입니까?"라고 물었다. 그의 첫 번째 대답은 나에게 리스트를 주는 것으로 시작했다. 그는 자신이 가진 주식을 특정 가격에 팔기를 원했고, 그가 다른 슈퍼마켓을 인수하지 못하도록 막은 3년간의 경쟁 금지 조항을 삭제하기를 바랐으며,

부동산과 같은 여러 개의 다른 사업 아이템도 원했다. 나는 다시 한 번 심도 깊은 질문을 했다. "당신의 이런 구체적인 요구사항들을 잘 알겠습니다만 당신처럼 모든 것을 다 가진 분에게 이런 것들이 뭘 더 가져다주나요?"라고 물었다. "지금 이 순간 당신이 가장 원하는 건 뭔가요?"

먼 곳을 바라보며 잠시 머뭇거리더니 그는 한숨 섞인 말로 대답했다.

"자유. 난 자유를 원합니다."

"그렇다면 자유가 당신에게 뭘 가져다주죠?"

"내 가족과 함께하는 시간이지요. 그것이 내 인생에서 가장 중요한 것입니다. 그리고 내 사업의 꿈들을 이룰 수 있는 자유입니다."

자유가 그의 가장 깊은 욕망이었다. 자유는 우리 모두에게 중요하지만 특히 아빌리오에게는 그의 가슴 아픈 과거의 경험 때문에 더욱 더 큰 반향을 일으켰다.

오래 전 아빌리오는 집을 나서면서 도시 게릴라 부대원들에게 납치당한 적이 있었다. 좁디 좁은 밀실에 갇혀 작은 핀 두 개만 한 구멍을 통해 숨을 쉬고 시끄러운 음악으로 괴로워했다. 다행히 일주일만의 감금 끝에 경찰의 기습공격으로 구출되었다.

우리 둘 다 아빌리오의 열망이 무엇인지 알게 되면서 '자유'는 우리의 협상 방향을 이끄는 북극성으로 자리잡았다. 나는 동료인 데이비드 랙스David Lax와 함께 상대편 사람들과 협상을 시작했고, 몇 년을 끌어온 골치 아팠던 문제들이 단 4일 만에 해결되었다. 결과는 모든 이들이 만족스러워했다. 자세한 내용은 책의 뒷부분에 서술하겠다.

우리 모두는 자신이 원하는 것을 얻으며 살기를 원한다. 그러나 문제는 아빌리오의 경우처럼 대개 자기가 원하는 것이 명확하지 않다는 것이다. 또한 우리는 인생에서 배우자나 직장 동료 또는 거래처 직원, 심지어는 우리가 협상해야 할 상대편까지 만족시키려 하지만, 마찬가지로 그들이 진정 원하는 것들이 무엇인지 우리는 정확히 알지 못한다.

사람들이 나에게 협상가로서 가장 중요한 능력을 물어올 때 만약 한 가지만을 뽑으라면, 나는 "타인의 입장에서 생각해보는 것이다."라고 대답한다. 결과적으로 타협이란 상대의 마음에 영향력을 행사하고 변화시키는 연습을 하는 것이다.

첫째로 상대의 마음을 변화시키려면 상대의 마음이 어디 있는지를 알아야 한다. 이는 반대 입장이 되어 생각해보는 것이며, 특히 대립이나 협상 상황에서는 쉽지 않을 수 있다. 우리는 자신의 문제나 '내가' 원하는 것에 너무 집중하기 때문에 종종 상대방의 문제나 '그들이' 원하는 것에는 거의 신경 쓰지 않는다. 예를 들어 상사에게 임금인상을 요구할 때, 우리는 자신의 문제에만 너무 몰두한 나머지 빡빡한 예산이라는 상사의 문제는 안중에도 없다. 그러나 우리가 그 문제를 해결할 수 있도록 상사를 돕지 못한다면, 아마도 원하는 임금인상은 없을 것이다.

간혹 간과하기 쉽지만 우리가 원하는 것을 알고 또 간접적으로 타인의 요구사항도 알 수 있도록 돕는 열쇠가 되는 사전 행동이 있다. 먼저 자신의 입장에서 생각해보는 것이다. **자기 내면을 들여다보는 것만으로도 당신이 진정 무엇을 원하는지 알 수 있다. 동시에 당신의 생각이 정리되어 다른 이의 바람도 이해할 수 있는 정신적, 감정적 여유가 생기게 된다.** 임금인상의 예로 먼저 자기 자신의 목소리를 들어보면, 한정된 예산으로 고민하는 직장 상사를 이해하는 데 도움이 될 것이다.

자기 입장으로 생각해보기가 처음에는 조금 이상하게 들릴 수 있는데, 이는 이미 당신이 자신의 입장에서 생각하지 않고 있기 때문은 아닐까? 물론 말처럼 쉽지 않다. 우리는 우리 자신을 비판적으로 평가하고 자신의 일부를 무시하거나 거부하는 자연스러운 성향을 가지고 있다. 우리가 우리 자신을 아주 자세히 들여다본다면 괴테가 말했듯이 우리는 숨어버린 것처럼 느낄 것이다. 과연 우리 중 몇 명이나 자신의 생각이나 마음을 가슴속 깊은 곳에서 끄집어내봤다고 솔직히 말할 수 있을까? 또 우리 중에 얼마나 많은 이가 믿음직한 친구가 위로해주는 것처럼 자신의 목소리를 공감하고 이해하며 듣고 있을까?

자신의 내면을 들여다보기 위해서는 세 가지 행동이 도움이 되는데, 첫째는 자기 자신을 발코니에서 바라보는 것이고, 둘째는 자신이 원하는 것들을 말해주는 당신의 내재된 감정들을 공감하면서 새겨듣는 것이며, 셋째는 자신의 마음속 깊이 숨어 있는 희망사항들의 빗장을 여는 것이다.

발코니에서 자기 자신 바라보기

매우 노련하고 과학적이고 체계적이었던 벤저민 플랭클린Benjamin Franklin이 250여 년 전 썼던 책《가난한 리처드의 달력Poor Richard's Almanack》에 등장하는 글에 이런 문구가 있다.

"세상에는 세 가지의 무척 단단한 것들이 있는데, 금속과 다이아몬드 그리고 자기 자신 알기다."

이에 대한 그의 조언은 "모든 이를 관찰하라. 당신 자신을 가장 많이!"였다.

당신 자신이나 상대방이 극도의 스트레스를 받는 협상이나 대립 상태에 있다면, 당신은 사람들이 얼마나 쉽게 타인의 말이나 말투 또는 행동에 즉각적으로 반응하는지 알아차릴 수 있을 것이다. 실제로 내가 중재했던 모든 분쟁들은, 그것이 부부싸움이건 사무실에서의 실랑이건 아니면 한 국가의 내전이건, 말투나 행동에 대한 즉각적인 반응들은 꼬리에 꼬리를 무는 모습으로 나타났다. "왜 그를 공격했나요?", "그가 날 공격했기 때문이에요."이런 식으로 계속된다.

우리가 즉각적으로 반응할 때는 대개 소위 '3A라는 함정'에 빠진다. 3A 함정은 '공격attack'하거나, '수용accommodate'하거나 아니면 '회피avoid'하는 것이다. 이 모두는 문제를 더 크게 만들 뿐이다. 간혹 이 세 가지 방법을 혼합해 사용하기도 한다. 처음에는 회피하거나 받아들이는데, 얼마 못 가 더 이상 참을 수 없을 때는 공격하는 것이다. 맞불작전 상황에 놓이면 우리는 다시 회피하거나 수용하게 된다.

이 공통된 세 가지 반응 중 그 어떤 것도 우리의 이해를 돕지 못한다. "눈에는 눈"이라는 식으로 대응하면 우리의 사고능력을 혼미하게 만들어 판단이 흐려진다. 종종 우리는 자신의 의도를 망각하거나 목적과 정반대로 행동하기도 한다. 우리가 즉각적으로 반응할 때는 힘이 가해지는데, 그 힘은 상대에게 지속적으로 영향력을 행사하거나 혹은 상황을 더 나은 방향으로 변화시키기 위함이다. 그러나 사실상 우리가 즉각적으로 반응하면, 본인의 관심사에 "노No"라고 말하고 자신에게 "노"라고 하게 되는 것이다.

하지만 우리도 선택할 수 있다. 즉각적으로 반응할 필요가 없다. 대신 자기 자신을 관찰하는 법을 배우는 것이다. 강의나 책에서 나는 '발코니로 가기'라는 개념을 강조해왔다. **발코니는 비유적인 의미로, 주위를 통찰할 수 있는 평온하며 셀프-컨트롤이 가능한 정신적, 감정적인 장소를 말한다.** 우리가 배우이고 우리 인생이 무대라면, 발코니는 무대 전체를 선명하게 볼 수 있는 그런 장소일 것이다. 우리 자신을 잘 지켜보려면 항상 발코니에 가보는 것이 중요하다. 특히나 골치 아픈 회의, 협상을 하기 전이나 하는 도중 또는 하고 난 후에는 더욱 그렇다.

나는 긴장됐던 한 정치적 중재회의를 기억하는데, 그 지역 의장은 내가 반대 정당의 속임수를 알아차리지 못했다는 이유로 거의 30분 동안 화를 내며 소리를 질렀다. 내가 평정심을 잃지 않도록 도와준 것은 조용히 내 마음속에 새겨 넣은 감각과 감정과 사고였다. '흥미롭지 않아? 어금니가 꽉 깨물어지는군. 두려움이 고개를 드는 게 느껴져. 얼굴이 붉어지네. 지금 내가 당황한 건가?' 의장의 윽박지름에도 불구하고 내가 느끼고 있는 것들을 알아차리는 것이 내 감정의 작용을 무력화하는 데 도움이 되었다. 난 이 장면을 마치 연극의 한 장면인 것처럼 발코니에서 볼 수 있었다. 나 자신을 추스르며 의장과 다시 대화할 수 있었다.

이것이 요점인데 당신 자신이 지나쳐가는 생각이나 감정 또는 감각들에 의해 자극 받았다고 느낄 때마다 당신에게는 선택권이 있다. 그것을 사로잡거나 아니면 사로잡히는 것이다. 당신의 생각을 주시하며 그것을 사로잡을 수 있거나, 그냥 자기 자신을 생각에 사로잡히게 내버려두는 것이다. 당신이 사로잡은 것들에 이름을 붙여줌으로 당신은 더 이상 사로잡히지 않게 된다. 당신의 지나간 생각들, 감정들, 감각들을 살펴보고 그것들에 이름을 붙여주는 것이다. "오! 내 옛 친구 두려움이네, 자아 비평가도 있네."라고. 이런 식으로 그들의 영향력을 없앰으로써 당신의 균형감과 평정심을 유지할 수 있다.

내 친구 도나Donna는, 그녀의 감정적인 반응들에 '두려운 프레디'라든가 '판사 주디', '화난 애니' 같은 우스꽝스러운 이름들을 붙이길 좋아한다.(덧붙여 말하면 유머는 발코니에서 당신의 통찰력을 회복시키는 최고의 동지이다.) 당신이 연극에 등장하는 배우들의 이름을 부르는 순간, 당신은 그와 그녀였던 자기 자신으로부터 떨어져나올 수 있다.

자신을 관찰해서 즉각적으로 반응하지 않기는 쉬워 보이지만, 힘든 회의나 협상에서는 꽤나 어려운 일이다. 한 사업가는 내게 "난 내 자신을 침착하고 근사한 사람이라 생각하고 물론 직장에서도 그래요. 그런데 가끔 내가 와이프에게 소리치는 걸 알았어요. 왜 내가 직장에서처럼 침착할 수 없을까요?"라고 토로한 적이 있다. 이 남편처럼 감정들이 자극을 받으면 우리는 종종 발코니에서 떨어진다. 즉각적으로 반응하기로부터 우리를 보호함으로써 지속적으로 자기 관찰하기를 실행하기 위해서는 매일매일 근육 운동을 하듯 훈련해야 한다.

최근에 나는 네 살배기 아들을 돌보느라 점점 짜증이 늘고 있는 샬롯Charlotte을 만날 기회가 있었다.[3] 엄마로서 샬롯은 아들과 가깝고 신뢰하는 관계를 원했지만, 밤만 되면 자기의 침대로 안 가려는 아들과 실랑이하는 중에 샬롯은 강력하고 즉각적인 반응이 일어났다.

그녀는 즉각적으로 반응하려고 하는 유혹이 얼마나 뿌리치기 힘든지, 자기 관찰을 연습한 것이 얼마나 더 나은 선택을 하게 만드는지 내게 설명해주었다. 그녀는 이렇게 말했다.

> "새로 발견한 나의 감정들로 인해 두렵지만 동시에 그것에 매료되어 나는 분노가 정말 어떤 기분인지 자세히 살펴보기 시작했어요. 첫 번째 내가 알아차린 건 이것의 유혹이에요. 이것에게는 섹시함이 있습니다. 한때 나는 내 감정의 갈림길에 놓인 나 자신을 발견하곤 했는데, 한쪽 길은 침착하게 열린 마음으로 해결하는 것이고 다른 길은 화를 폭발시키는 것이었어요. 그럴 때

후자를 택하지 않는 결정을 하는 것이 무척이나 힘들었어요. 왜냐하면 당시 내가 가장 원하는 건 내 분노를 표출하는 것이었는데, 그렇게 하는 게 굉장히 타당하고 지극히 이치에 맞다고 확신했기 때문이죠."

샬롯은 아이에게 화를 낼지 아니면 상황을 차분히 접근할지 결정할 감정의 갈림길에서 호기심을 가지고 살펴보았다. 만약에 그녀가 아이에게 화를 낸다면 아이는 자기 보호를 위해 그녀로부터 거리를 두었을 것이다. 그러나 그녀가 자신의 평정심을 유지한다면 그녀는 아이와 친밀하고 믿음이 가는 사이로 한발 더 다가갈 수 있을 것이다. 그녀가 균형감을 지킬 수 있었던 이유는 밤마다 나타나는 반응의 패턴들을 인지하고 그것에 즉각적으로 반응하지 않을 선택권이 본인에게 있다는 사실을 알았기 때문이다. 샬롯이 깨달은 것처럼 자기 자신 관찰하기가 자기 자신 정복하기의 밑거름인 것이다.

당신도 이것을 시도해보라. 가정에서나 직장에서 문제투성이의 관계들 때문에 생기는 감정이나 즉각적으로 반응하는 패턴들을 탐구해보라. 당신이 타인을 상대할 때 당신 마음속에 일어나는 분노나 공포, 그외에 다른 신경 쓰이는 것들에 주목해보라. 샬롯처럼 발코니로 가는 법을 배우고 이런 감정들을 살펴서 그 감정들이 당신을 어떤 기분으로 만드는지 관찰하라. 당신은 본인 감정의 갈림길에서 충동적인 반응과 당신이 진정 관심을 가지는 것에 다가설 수 있는 신중한 대답 중에서 어떤 선택을 할 수 있는지를 살펴보라.

자기 관찰하기의 습관을 개발하면 본인의 '내면의 과학자inner scientist'를 양성하는 데 도움이 된다. 당신은 조사관이고 조사의 주제는 바로 당신 자신이다. 심리학자들은 이것에 이름까지 붙였는데, 바로 '나 찾기me-search'이다. 샬롯이 그녀 아들의 행동으로 인해 생겼던 감정들을 검사했던 것처럼, 당신의 감정이나 사고들을 의문을 가지고 접근하면 평정심이나 균형 잡기에 도움이 된다. 훌륭한 과학자가 그렇듯 자기 관찰 기술을 완전정복하려면 초연함과 오픈 마인드가 필요하다. 이것으로 자신 평가하기를 멈출 수도 있다.

때때로 본인의 사고나 감정들을 너무 쉽게 판단하고 단순히 옳거나 그르게, 좋거나 나쁘게 보기만 한다. 하지만 심리학적으로 우리가 느끼고 생각하는 것에 잘못된 것은 없다. 행동은 틀릴 수 있다. 그러나 사고나 감정은 아니다. 내면의 과학자로서, 어두운 사고나 정서들도 꽤나 흥미로운 조사 자료로 간주해야 한다. 나는 단순하지만 심도 있는 질문을 나 자신한테 묻곤 하는데, 그 질문은 "궁금하지 않아?"이다. 이 질문은 좀 떨어진 거리를 두고 판단하기보다는 의문을 유도하는 방법을 제시한다. 나는 수년간 자기 자신 관찰하기를 연습해오면서 인도의 철학자 지두 크리슈나무르티Jiddu Krishnamurti의 격언에 큰 감명을 받았다.

"평가하지 않고 지켜보는 것이 가장 큰 지혜이다."4)

스스로를 심판하지 않고 관찰하기를 훈련하는 한 가지 방법은, 하루 중 얼마 동안의 시간을 할애해서, 그게 5분, 10분의 짧은 시간이라도 상관없이, 편안한 자세로 조용히 앉아 눈을 감고 마치 하늘에 지나가는 구름을 보듯 자신의 생각과 감정을 가만히 지켜보는 것이다. 만일 어떤 생각이나 감정에 사로잡히거나 불쾌한 자기 평가하기가 떠올라도 동요하지 말라. 단지 당신이 그런 것에 붙잡혀 있다는 사실을 알아차리고 다시 관찰하기로 돌아가면 된다. 그런 '주의 깊음mindfulness' 연습에 몰두할수록 점점 더 쉬워진다. 조금씩 마음과 함께하는 일들에 익숙해질 것이다.

당신에게 한 잔의 물이 있다고 상상해보라. 거품이 가득해 잘 보이지 않는다. 그렇지만 잠시 기다려 천천히 거품이 사라지면 물은 투명하게 맑아진다. 이것이 우리가 마음으로 하려는 것인데 거품을 가라앉혀 우리 내부에 무엇이 벌어지고 있는지 아는 것이다. 나는 부담스러운 전화 걸기나 미팅 전에 나 자신에게 단 1분이라도 침묵하는 것에 이점이 있다는 것을 알아냈다. 눈을 감고 혼자 있는 1분간이 내 생각이나 감정, 감각들을 관찰하도록 해주고 마음을 고요하게 해서 회의에 더 잘 집중하도록 도와준다. 이는 어느 때고 우리가 쓸 수 있는 유용한 방법이다.

자기 자신 관찰하기를 배우기는 쉬운데, 갈등이 있을 때는 쉽지 않다. 그러나 연습을 통해서 점점 좋아질 수 있다. 발코니는 이상적으로 가끔 들르는 장소가 아닌 집과 같아야 한다. 남들과의 교류 속에서 당신은 무대에서 드라마를 연기하지만 동시에 발코니에서 지켜보는 것을 배우게 된다. 물론 이렇게 하는 것은 연습이 필요하지만 당신의 인생이 명쾌하고 평온해진다면, 당신은 더욱 더 원만하게 타인과 관계를 맺을 수 있고 당신의 관심분야도 성공적이고 쉽게 추구할 수 있다. **내면의 예스 방법은, 자신이 원할 때 발코니로 가서 그곳에서 당신이 바라는 만큼 머무르고, 발코니를 통해 본 관점들로 타협할 수 있도록 도와줄 것이다.**

공감하며 들어보기

우리는 하루에 1,200가지에서 6,000가지 정도의 생각을 한다고 심리학자들은 추정한다. 대부분의 생각(최대 80퍼센트에 이르는)이 다소 부정적인 것들인데, 실수를 곱씹어보거나 죄책감에 힘들어하고 불충분한 것들에 대해 생각하는 것 등이다.[5] 어떤 이는 자기 자신을 아주 모질게 평가하고, 다른 이들은 좀 덜 모질게 평가하기도 하지만, 아무도 그 자체로부터 자유로울 수는 없다. '내가 말한 건 틀린 거야.', '어떻게 그걸 모를 수 있니?', '내가 일을 망쳤구나!' 이런 부정적인 생각들이 나 자신에게 "노"라고 말하는 것이다. 속담 중 이런 말이 있다.

"당신이 당신 자신에게 말하듯이 친구에게 말한다면 아마 당신 곁에는 아무도 남아 있지 않을 것이다."[6]

자신 평가하기는 자기 자신 이해하기의 제일 큰 걸림돌이 될 수 있다. 우리가 타인을 이해하고 싶다면 마치 절친한 친구가 하듯이 공감하면서 들어주는 방법보다 더 좋은 것은 없다. 당신도 자기 자신을 이해하고 싶다면 같은 방법을 써보는 것이다. 즉, 공감하며 들어보기. 자기 자신에게 부정적으로 이야기하기보다는 자신을 존중하고 배려하려고 노력해보라. 자신을 평가하는 대신 자기 자신을 있는 그대로 받아들이는 것이다. 공감은 종종 연민과 혼동되지만 엄연히 다르다. 연민은 '같이 느끼는' 것으로 타인이 어떤 곤경에 처했을 때 안타까움을 느끼지만 굳이 이해할 필요는 없다. 반대로 공감은 '안으로 느끼는' 것이며, 그 상황이라면 어떨지 이해한다는 의미이다.

자기 자신에 귀 기울이기는 들여다보기보다 한층 더 깊은 단계이다. 들여다보기가 밖에서부터 보기라면, 들어보기는 안에서부

터 느껴보는 것이다. 들여다보기가 분리된 시각을 제시한다면 들어보기는 친밀한 이해를 가져다준다. 관찰하기는 마치 과학자들이 현미경 아래서 무당벌레가 어떻게 보이는지를 알려주는 것이지만, 경청하기는 무당벌레라면 기분이 어떨지에 대한 이해를 돕는 것이다. 당신은 이 두 가지 방법 모두에서 이점을 취할 수 있다. 인류학자들은 "타 문화를 이해하는 가장 좋은 방법으로 그 문화에 적극적으로 참여해보는 것과 동시에 관찰자로서의 관점을 잘 유지하는 것이다."라고 말한다. 나는 '참가자의 관찰'이라 불리는 이 방법이 자신을 이해하는 데도 유용한 방법이라는 사실을 깨달았다.

나는 나 자신을 들어보면서 나의 골치 아픈 감정들이 매일 똑같다는 것을 알았다. 예를 들면, 일상적으로 해야 할 과제들에 대한 걱정들이 점점 커지는 것 같은 경우다. '내가 이 일을 해낼 수 있을까?' 이렇게 생기는 걱정들을 이해하고 떨치기 위해서 나는 규칙적인 훈련을 준비했는데, 아침이면 식탁에 놓인 의자들을 상상하는 것이다. 걱정이나 두려움 또는 창피함이나 자부심 같은 우리에게 익숙한 이런 각각의 생각이나 감정들이 떠오르면, 나는 상상 속의 의자에 앉힌다. 예외 없이 모든 생각들이나 감정들을 반기며 마치 그것들이 나의 오래된 친구나 지인인 것처럼 대한다. 그래서 식탁이 가득 차면 나는 감정들과 생각들

사이에 오가는 자유로운 대화를 듣는다.

자아비판은 어떤가? 물론 테이블 한켠에 그것을 위한 자리도 마련해둔다. 내가 만약 그것을 억누르거나 제외시키면 지하로 도망치거나 숨어서 자신을 계속 평가할 것이다. 내가 알아낸 가장 좋은 접근방식은 그 자체를 내 성격의 일부로 받아들이는 것이다. 나는 가끔 그런 내 성격이 고마울 때도 있는데, 마치 늙은 삼촌처럼 매사에 간섭하긴 해도 나를 보호해주려는 것 같아서다. 내가 알아낸 그것들을 길들이는 최고의 방법이 바로 받아들이기다.

이 식탁 훈련이 나에게 일상적으로 생기는 생각이나 감정들을 잘 감지하도록 도와줘서 나는 덜 놀래거나 덜 당황하게 되었다. 특히 나는 내가 부정하거나 오해한 침울한 생각이나 감정들을 잘 들어보기 위해 노력한다. 분노가 그 중 하나다. 나는 다음과 같은 사실을 알게 되었는데, 만일 내가 화가 났는데 그 이면에 어떤 감정들이 깔려 있는지 알지 못하면 – 예를 들어 아내와 다소 예민한 대화를 할 때와 같은 상황 – 내가 마주치기 싫은 부정적인 방향으로 흘러갈 수 있다는 것이다.

전직 에콰도르 대통령이자 하버드대 동기인 자밀 마후아드 Jamil Mahuad는 그가 어떻게 고통스러웠던 감정들을 다루는 법을 점차 배워나갔는지 말한 적이 있다. 그는 고통스러운 감정들에 주목했다.

"슬픔은……, 우리 집안의 남자들에게는 잘 용납이 안 됐어. 내 조상들 중 일부는 슬프다는 걸 감추기 위해 종종 화를 내곤 했지."[7] 그가 덧붙이길, "나 역시 같은 어려움이 있었지. 여전히 나에겐 고통이나 회한의 감정을 대하기가 쉽지 않네. 그러나 그런 사실을 알아차리고 어둠으로부터 밝은 곳으로 드러내면 '새로운' 부분이 현재의 자신으로 흡수된다네."라고 했다.

가슴 아픈 감정들을 바깥으로 꺼냄으로써 자밀은 자신의 분노를 통제할 수 있었고, 또한 발코니 전략을 잘 활용해서 힘겨웠던 페루 대통령과의 평화협정을 이끌어냄으로써 지구상 가장 오래 끌어온 전쟁을 끝내게 되었다.

들어보기는 단순히 지적 능력을 갖추는 훈련만이 아니라 정서적인, 또 체력적인 훈련이라는 것을 염두에 두자. 가령 당신이 불안할 때 몸으로 그 불안을 느끼도록 시도해보라. 어떤 기분일까? 얼음처럼 차가울까? 당신의 위장에 구멍 뚫린 느낌일까? 아니면 목이 타는 느낌일까? 이런 낯익은 느낌들을 알아차리고, 그것들을 밀어내지 말고 한순간 가만히 있어보라. 긴장을 풀고 두려움 속으로 들어가보라. 가능하면 그 속에서 호흡해보라. 이 방법으로 당신은 천천히 그것들로부터 해방되기 시작한다.

이런 종류의 심오한 자기 자신 들어보기가 좀 어색하고 어렵다면 친구에게 부탁해보거나 전문 상담가나 치료사의 도움을 받아서 자기 자신 들어보기가 습관이 될 수 있도록 고려해보라. 일기 쓰기도 좋은 방법이다. 단 몇 분이라도 내 감정이나 생각을 적어보는 것이 내가 발코니에서 머물며 인생의 소용돌이에서 미처 보지 못한 일상의 패턴들을 드러내는 데 도움이 된다. 꾸준히 훈련해보면 당신 자신을 좀 더 명확하게 보고 듣게 되고, 더 잘 이해할 수 있게 된다.

힘든 회의나 협상에 앞서 자기 자신 들어보기의 가장 큰 혜택 중 한 가지는, 자신의 마음을 비움으로써 상대방의 소리를 더 잘 듣게 해준다는 것이다. 오랫동안 나는 듣기가 협상의 핵심 기술이라 가르쳐왔지만 분쟁 상황에서 사람들이 상대의 소리를 듣는 것이 얼마나 어려운가를 잘 알고 있다. 주목받기 위해 아우성치고 마음을 뒤죽박죽으로 만든, 이 들리지 않는 모든 감정과 생각들이 가장 큰 장애물은 아닐까? 타인의 소리보다 먼저 자기 자신을 들어보는 것이 진짜 비결이지 않을까?

자신의 요구사항 드러내기

자신의 느낌을 들어본다면, 특히 이것이 반복되는 불만이라면 이 불만들은 끊임없는 걱정과 관심의 방향으로 당신을 이끈다. 하지만 올바로 이해한다면 그 불만들은 당신 내면의 깊은 요구사항들이 겉으로 드러날 수 있도록 도와줄 것이다.

아서 왕의 옛 이야기는, 왕실에서 온 젊은 기사가 성배를 찾기 위해 열의를 불태우는 내용이다.8) 성배를 찾아 나선 첫 달에 그는 숲에서 큰 성의 망령을 보고 들어가본다. 그는 늙고 병든 왕이 호위무사들과 앉아 있는 것을 발견했고, 연회 테이블 위에는 은술잔, 바로 그 성배가 있었다. 젊은 기사는 말문이 막혔지만 그가 왕에게 말을 걸려는 순간 성은 사라졌고, 그는 숲에 쓸쓸히 혼자 남겨졌다.

기사는 수십 년간을 아무런 성과 없이 성배를 계속해서 찾으러 다녔고 그러던 중, 숲에서 예전에 보았던 똑같은 성이 그의 눈앞에 나타난다. 그는 거기서 다시 왕과 탁자 위의 술잔을 보았다. 더 나이 들고 현명해진 기사는 직관적으로 바른 말을 생각해냈다. 그는 늙은 왕에게 단순하지만 강력한 질문을 했다. "무엇이 당신을 힘들게 하나요?" 기사가 왕의 고뇌를 들어보고 그의 깊은 욕망을 드러내자 둘 사이에 인간적인 우정이 싹트기 시작했고, 우정을 넘어 왕은 기사가 그렇게나 찾아다니던 성배를 주었다.

이것이 바로 올바른 질문하기의 힘이다. 우리는 기사 이야기의 교훈을 통해서 우리 자신에게 무엇이 뜻대로 잘 되지 않는지 물어볼 수 있다. 도대체 자신의 어떤 부분이 행복하지 않고 또 만족스럽지 않은가? 직장이나 돈, 가족이나 인간관계 아니면 건강에 관한 것들인가? 불만족감은 당신의 요구사항들이 당신과 소통하는 언어다. 당신의 요구사항들이 좌절되거나 채워지지 못할 때 자연스레 근심, 공포, 분노 또는 슬픔을 느끼게 된다. 그렇다면 이런 내재된 요구사항이란 무엇인가? 당신이 가장 원하는 것은 무엇인가? 당신의 가장 큰 동기부여는 무엇인가? 당신이 스스로의 욕망을 이해하면 할수록 더욱 더 욕망을 충족시킬 수 있다.

예전에 나는 제3자의 자격으로 수마트라 정글에서 25년간이나 지속됐던 지독한 내전에 관여한 적이 있다. 반군 세력 수장과의 미팅에서 나는 그들이 진정 원하는 것이 무엇인지 물었다.

"나는 이 전쟁에서 당신의 입장을 알고 있습니다. 당신은 독립을 바라죠." 나는 분명하게 말했다. "하지만 당신의 관심분야들이 무엇인지를 좀 더 말해주세요. 왜 독립을 원하나요?"

그들은 이 가장 핵심적인 질문에 답하는 것을 힘겨워했고, 길게 이어진 불편했던 침묵을 나는 아직도 기억한다.

그들은 자치를 내세워 정치적인 목적으로 싸운 걸까? 아니면 천연자원을 차지하려는 경제적인 목적이었을까? 그도 아니면 자신들을 신체적 위협으로부터 보호하려는 안전상의 이유였을까? 혹은 자기들 언어로 교육하려는 문화적 목적이었을까? 만일 그들이 한 가지 이상의 목적으로 싸웠다면 무엇이 그들의 우선순위였을까? 사실상 그들의 입장이 독립으로 분명했던 것만큼 독립을 위해 투쟁할 마음속 깊은 곳의 동기는 그만큼 분명하지 못했던 것이다. 전쟁으로 수천 명이 죽었지만 정작 수장은 '그 이유'를 체계적으로 설명할 수 없었다.

내 협상 경험을 보면 대부분의 사람들은 자신의 입장을 잘 알고 있다. "나는 15퍼센트 임금인상을 원합니다." 그러나 대개의 사람들은 자신의 내재된 요구사항이나 욕심, 걱정, 두려움 또는 포부 같은 본인의 관심사는 별로 깊게 생각하지 않는다. 임금인상을 요구하는 것이 그들이 협상에 흥미가 있는 것인지, 형평성 때문인지 또는 경력개발을 위해서인지, 혹은 물질적인 충족을 위한 것인지 아니면 이 모두 다를 위한 것인지 하는 것이다.

협상에서 당신의 관심분야와 요구사항을 표출할 수 있는 마법의 질문은 "왜Why", 즉 "왜 나는 이것을 원하는가?"이다. 한 가지 중요한 훈련으로, 필요하다면 수차례 자신에게 왜냐고 계속 물어보는 것이다. 당신의 저 밑바닥에 있는 요구들에 닿을 때까지 말이다. 당신에게 내재되어 있던 욕망과 관심들에 더 깊이 닿을수록 당신의 관심분야를 충족할 만한 기발한 선택사항들을 생각해낼 수 있다. 예를 들어 임금인상의 경우, 당신이 협상에 관심이 있다면 설령 예산 부족으로 상사가 당신이 원하는 만큼의 인상치를 올려주지 못해도 어쩌면 새로운 직급을 얻거나 특별업무를 맡을 수 있게 협상해볼 수 있다. 관심을 드러내기가 당신이 미처 생각해보지 못한 새로운 가능성을 열어주는 것이다.

수마트라의 내전에서 나와 동료들은 반군들의 독립 입장과 그들의 관심사를 철저히 조사했다. 플립차트를 사용해가며 나는 그 이유에 대한 대답을 하나씩 적기 시작했다. 자치권, 경제적인 자원들의 통제권, 그들의 언어와 문화의 보존 등등. 그 다음 질문은 "어떤 전략이 그들의 관심분야를 가장 충족시킬 수 있나?" 였다. 전쟁이 계속 진행된다면? 정부군은 막강했음으로 십년을 싸워도 전쟁에서 이길 수 없다는 것을 반군 수장은 쉽사리 인정했다. 그럼 정당의 형태로 만드는 것이 최상의 전략인가?

몇 년간의 심사숙고 끝에 반군은 정치적 차선책을 선택했다. 정부와 평화협정을 통해 그들의 자치권과 자원 통제권 그리고 문화적 권리도 획득했다. 지방선거에서 반군 지도자들은 주지사와 부주지사로 뽑혔다. 그들은 독립을 하지는 못했지만 전략적으로 관심분야를 발전시켰다. 이것이 바로 자신의 진정한 관심을 드러내고 집중시키는 힘이다.

우리가 자신의 내재된 관심사를 철저히 조사하면 할수록 요구사항들은 좀 더 일반적인 것으로 변한다.

"왜 임금인상을 원하나요?"

"돈을 벌기 위해서요."

"왜 돈이 더 필요하죠?"

"그럼 결혼할 수 있으니까요"

"왜 결혼하고 싶은데요?"

"결혼이 나에게 사랑을 가져다주니까요"

"왜 사랑받고 싶나요?"

"물론 행복하기 위해서죠"

근본적인 욕망은 매우 보편적인 것이다. 사랑받고 행복해지기. 이 명제가 아주 또렷해 보여도 이 평범해 보이는 욕망을 들춰보면 의문이 생긴다. '만일 당신이 원하는 만큼 임금인상을 얻지 못해도 여전히 행복할까? 행복이 임금인상이나 결혼으로 인해 좌지우지되는 것인가? 이 행복이 본인 자신으로부터 오는 것인가 또는 바깥에서 오는 것인가?' 쓸데없는 질문이 아니다. 당신이 자신으로부터 사랑이나 행복을 찾는다면 결혼을 하건 말건 또는 임금인상이 되건 말건 상관없이 사랑과 행복을 찾을 수 있다.

우리의 기본적인 심리학적 욕구 중에 특히 두 가지 보편적인 것이 있는데, 하나는 고통으로부터 지켜줄 수 있는 보호 또는 안전이고, 다른 하나는 기쁨을 보장하는 연결 또는 사랑이다. 우리는 어떻게 보호하고 연결할까? 원래 인생은 불안정하고 사랑은 때로 충분하지 않기 때문에, 우리가 이런 욕구에 충분히 만족하기란 쉽지 않다. 그렇더라도 우리는 인생을 계속 살아야 한다.

자기 평가하기에서 자신 이해하기

직설적이고 당연한 소리로 들리지만 발코니에서 자신 바라보기, 공감하며 자신의 내면 들어보기, 숨겨진 요구사항을 드러내기 등처럼 자기 입장에서 생각해보기란 쉽지 않다. 자기 평가하기에서 자신 이해하기로 가는 여정은 힘들고 지난한 작업이다.

앞의 아빌리오 디니즈의 사례로 돌아가보자. 그는 자신의 절실한 욕구인 자유를 표출했지만 내부적인 많은 난관에 직면했다. 우리와의 대화 직후 아빌리오는 잡지사 인터뷰를 통해 자신의 인생을 위해 전 사업 파트너와 갈등을 원만히 해결하고 싶다는 것을 피력했다. 그러나 인터뷰 기사는, 아빌리오가 상대방의 이름을 38번이나 언급하며 일의 진척에 기미가 보이지 않는다고 서술했다. 다음주에 열린 이사회에서 아빌리오는 냉정함을 잃지 않으려 했으나 결국 화가 나서 계속 상대방을 겁쟁이라고 불렀다. 그는 아무리 노력해도 발코니에 머무는 것이 무척 힘들다는 것을 알게 됐다.

함께 일하며 친구가 된 아빌리오가 나에게 말했다. “사실은 난 여전히 화가 나 있어요. 어쩌면 좋죠? 진짜 내가 원하는 게 뭔지 모르겠어요. 싸움을 끝내기를 바라지만 또 계속 싸우고 싶기도 해요. 어쨌든 싸움을 계속하는 것 외엔 다른 도리가 없잖아요. 그냥 받아들여야 할 것 같아요.”

자신으로부터 예스를 이끌어내는 과정이 아빌리오에게는 어려운 일이었다. 직장이나 가정, 아니면 더 큰 세상에서 우리가 부딪히는 문제투성이의 상황에서 괴롭고 혼란스러운 것은 당연하고 계속해서 즉각적으로 반응하기는 쉽다. 이것이 바로 왜 끈기 있고 과감하게 자기 입장에서 생각해보는 훈련이 꼭 필요한지에 대한 이유다.

아빌리오는 완강했다. 그는 장시간 동안 그의 딜레마에 대해 아내와 가족들과 친밀한 대화를 나누었다. 그는 자신의 몹시 침울한 감정을 알기 위해 매주 심리치료사도 찾았다. 나와 같이 대화했고 자신의 기분과 씨름하며 전념하고 훈련해서 점차 그는 발코니에서 좀더 오랜 시간 머무르기를 배워나갔다. 자기 자신을 있는 그대로 이해하고 받아들임으로써 그는 자신을 가장 큰 적수가 아닌 동지로 만든 것이다.

아빌리오로서는 자신이 진정 원하는 것을 알고 자신과 내면의 합의에 도달하는 일련의 심리학적 작업에 참여하는 것이 도전이었지만. 그에 대한 보상은 이루 말할 수 없이 놀라웠다. 그는 자신의 인생을 되돌려받았다. 우리가 협상 테이블에서 상대방을 만나기도 전에 아빌리오는 자유를 추구하는 구체적인 행동을 취하고 있었다. 그는 또 다른 큰 기업의 회장이 되었고 새 사무실은 본사 건물 바깥에 얻었으며, 가족과 긴 시간 여행을 즐기고 새로운 사업안도 찾기 시작했다. 다른 의미로 그는 자신의 요구사항들에 "예스"라고 대답한 것이다. 자신에게 말한 이 예스가 상대방으로 하여금 어느 쪽도 패자가 아닌 성실한 협상이 되도록 가능성을 열어준 것이다. 뒤에서 확인할 수 있듯이 바로 그것이 모든 차이점을 만들어냈다.

이 책에서 여러 번 말하지만, 타인과의 협상에서 '자신의 입장에서 생각해보기'는 스스로에게 적수가 되기보다는 친구가 되어줄 것이다. 이것은 자신을 이해할 수 있도록 도와줄 뿐만 아니라 본인 그대로를 받아들일 수 있게 한다. **자신 평가하기가 스스로에게 "노"라고 말하는 것이라면 자기 인정하기는 "예스"라고 말하는 것이다. 이건 아마도 우리 자신에게 주는 최고의 선물일 것이다.** 어떤 이는 자신을 있는 그대로 받아들이는 것이 긍정적인 변화를 유도하는 동기를 감소시킨다고 우려하지만, 나는 정확히 그 반대의 일이 일어난다는 것을 알았다. 받아들이기는 우리로 하여금 안정감을 느끼게 해서 문제에 좀 더 수월하게 접근하고 해결하게 한다. 인본주의 심리학자인 칼 로저스Carl Rogers는 다음과 같이 말했다.

"이상한 역설은 나 자신을 받아들일 때 내가 변한다는 것이다."[9]

당신은 지금 스스로의 입장이 되어보고 요구사항들도 들어보지만 자연스레 이런 질문이 떠오를 것이다.

'그렇다면, 이런 욕구를 충족시킬 능력은 어디서 찾을 수 있는가?'

이것이 '자신으로부터 예스 이끌어내기'를 위한 다음 도전이다.

2 단 계

자신의 내적 배트나 BATNA를 개발하라

_ 원망하기에서 스스로 책임지기로

"나는 그들에게 남은 마지막 소량의 음식물도, 한 모금의 물도, 그것을 필요로 하는 사람들에게 나눠주는 사람들을 많이 봤는데, 그 누구도 그들이 가진 자유 – 어떠한 상황에서도 자신의 방식을 선택할 자유 – 를 빼앗아갈 수 없다는 것을 알았다."

_ 빅터 프랭클 박사, 《죽음의 수용소에서Man's Search for Meaning》

내면의 예스 방법

내면의
예스
자신에게 예스
자신의 인생에 예스
타인에게 예스
1 자신의 입장에서 생각하기
2 자신의 내적 배트나 BATNA 개발하기
3 자신의 시각을 재설정하기
4 '존zone'에 머무르기
5 그래도 그들을 존중하기
6 베풀기와 되돌려받기

1980년대 중반에 나는 구舊소련과 미국의 최고 정책 고문들과 함께 어떻게 핵전쟁을 막을 것인가에 대한 회의를 마련한 적이 있다. 두 강대국은 긴장 상태에 있었고, 서로 비난을 일삼았다. 회의가 열릴 때마다 첫 번째 주제는 공격하고 변명할 거리로 시작하곤 했다. 분위기는 엉망이 되고 귀중한 시간도 허비하는 셈이었다. 3~4번째쯤 회의에서 나와 동료들은 좀 다른 방식으로 진행을 시도해봤다. 인쇄된 기획안에 회의 주제를 '상호 비난mutual accusation'이라고 명명하고 아침식사 전에 일정을 잡았다. 모든 이들이 의도한 바를 눈치챘다.

내가 지켜봐온 바로 남 탓하기는 거의 모든 분쟁에서 발생하는 핵심 행동패턴이다. 남편이 아내 탓을 하거나 회사 경영진이 노조 탓을 하는 것, 정치적 정당끼리 비난하는 것도 다 마찬가지이다. 남 탓하기는 대개 상대편에 대한 분노나 수치심 때문에 생기는데 이것 때문에 원망을 받게 되기도 한다. 이렇게 끊임없이 이어진다.

우리가 갈등 상태에서는 상대방을 원망하기 쉬운데, 결국 다른 한 쪽이 아니라면 누가 먼저 싸움을 시작했겠는가? 남 탓으로 돌리면 자신은 결백하고 정당하며 정의롭고 심지어 상대보다 더 우월한 기분이 든다. 더군다나 남 탓하기는 우리에게 남아 있는 일말의 죄책감마저 없애준다. 감정적인 이점들은 의심할 여지가 없다.

하지만 내가 수년간 셀 수 없이 많은 분쟁을 관찰해온 바로는 반드시 남 탓을 한 대가가 뒤따른다. 이것으로 불필요한 논쟁을 부추겨서 문제를 해결할 수 없도록 만든다. 인간관계를 엉망으로 만들고 시간과 에너지를 낭비시킨다. 상대방과 잘잘못을 따질 때 그것이 부부싸움이건 사무실에서의 실랑이건 또는 강대국 간의 충돌이라 하더라도 우리가 누군가를 원망한다면, 오히려 자신을 희생양으로 만들고 상대의 능력에 힘을 실어주어 결국 우리 자신의 능력을 서서히 약화시킨다. 우리는 대립 상황에서 자신이 어떤 역할을 했는지 간과하고 있고 어떻게 반응할지 선택할 수 있는 자유를 무시한다. 우리가 자신의 능력을 포기하는 것이다.

특히 우리가 매일 처하는 힘든 상황에서 타인으로부터 예스를 이끌어내길 원한다면 남 탓하는 것을 멈출 방법을 찾아야 한다. 보다 나은 상황으로 변화시키기 위해 자신의 능력을 개발해야 할 필요가 있는 것이다. 나는 구소련과 미국 사이에서 핵 위기를 예방하고자 애쓰는 동안에도 비즈니스와 같은 인생의 다른 분야에서 일어나는 위기관리법을 연구했다. 그 중에서 가장 눈에 띄는 사례는 존슨앤드존슨이라는 제약회사가 1982년에 일어난 타이레놀 사태에 대처한 방법이었다.[10)]

오늘날에는 존슨앤드존슨의 대처법이 고전적인 연구사례가 되었지만 사건이 발생했던 당시 이 기업의 처리방식은 엄청난 사건이었다. 날마다 시카고 지역에서 여섯 명의 어른과 한 명의 어린아이가 청산가리가 든 타이레놀을 먹고 사망한 사건이 헤드라인 뉴스로 중계되며 온 나라가 떠들썩했다. 누가 그 캡슐약을 사가서 그들에게 먹였는지 알지 못했다. 회장 제임스 버크James Burke는 이 문제에 어떻게 대응하야 하는지 큰 고민에 빠졌다. 타이레놀은 약국에서 쉽게 살 수 있는 진통제 중에서 37퍼센트의 시장점유율을 가진, 이 기업에서 수익을 많이 내는 효자상품이었다.

다수의 전문가들이 전국적인 회수 절차에 반대했고, 이 사건이 시카고에서만 국한된 사건이라 굳이 독극물 사건이 이 기업의 잘못이라고 할 수 없다는 주장이었다. 그러나 버크 회장과 경영진들은 소비자의 안전을 위해 결코 쉬운 길을 선택하지 않았다. 그들은 기업에서 모든 책임을 지고 미 전역의 약국에 비치된 타이레놀 전량을 회수했고, 가정에 있는 캡슐로 된 타이레놀도 알약으로 바꿔주도록 지시했다. 살인 사건 직후 이뤄진 이 결정으로 회사는 수백만 달러의 비용을 치렀다.

결과는 어땠을까? 통상적인 상식과 반대로, 회복이 불가능할 것처럼 보였던 기업은 포장을 쉽게 뜯지 못하게 만든 타이레놀 병을 단시간 내에 출시해 엄청난 판매와 시장 점유에 성공했다. 이 지독한 참사로 등을 돌린 대중을 돌아서게 만든 것은, 존슨앤드존슨이라는 기업이 보여준 성실함과 진정성이었다.

남 탓하기의 반대는 책임지기다. 책임을 진다는 것은, "response-ability, 즉 대응할 수 있는 능력"을 의미하는데, 이는 상황에 맞닥뜨렸을 때 적절하게 대응하고 스스로 해결할 수 있는 능력이다. 제임스 버크 회장과 그의 동료들은 바로 이렇게 했던 것이다. 그들은 어떠한 어려움에 처하거나 비싼 대가를 치른다 하더라도 책임을 지는 것이 진정한 리더십이라는 사실을 알았다. 그리고 보상은 대단했는데, 책임을 짐으로써 의사, 간호사, 환자나 주식투자가의 확신을 얻고 그들로부터 예스를 이끌어낼 수 있었다.

남 탓을 멈추고 스스로 책임을 지면 남들로부터 예스를 이끌어 내기가 훨씬 더 쉽다. 이 일은 내 안에서부터 시작한다. 책임을 진다는 의미는 자기 인생과 인간관계에 책임감을 가지는 것이다. 그리고 가장 중요한 것은 자신의 요구사항들을 잘 돌보겠다는 무조건적인 약속을 의미한다.

자기 인생 살기

단순한 질문 같지만 자신의 삶을 진정으로 책임지는 사람은 누구인가? 그러나 대답은 우리가 원하는 것보다 더 자주 우리를 피해 다닌다. 물론 머리로는 자신의 말이나 행동, 심지어 즉각적인 반응 등을 책임져야 한다는 것은 안다. 우리가 인생을 볼 때 자신이 어떻게 이 자리에 와 있는지 의아해하며 일반적으로 외부의 요인들에서 그 이유를 찾는다. "여긴 내가 원하는 직장이 아냐. 내 상사가 날 싫어하고 내 앞길을 막고 있으니까.", "돈이 없으니까 여행도 갈 수 없어.", "가족들이 내가 이곳에 있기를 원해서 여기 살지만 난 도시에서 살고 싶어." 등등. 달리 얘기하면 내 결정이 아닌 타인이나 외부적인 상황 잘못이다.

나는 자꾸만 차 사고를 내는 샘Sam이라는 젊은 친구를 소개할까 한다. 처음에는 가족 승합차를 수리도 못할 만큼 부숴놓더니 다음에는 가족이 타는 지프차를, 나중에는 자기의 차마저도 사고를 냈다. 다행히 어느 누구하나 다치지는 않았지만 그는 사고를 낼 때마다 다른 운전자나 도로 상태, 심지어는 교통신호까지 탓하며 화를 내곤했다. 그는 자신은 떳떳하다고 확신하고 있었다. 그의 부모는 사고의 원인이 샘의 부족한 책임감이라는 사실에 놀랐고, 이것이 가족 사이에 긴장과 갈등을 불러일으켰다.

결국 그는 자신을 자세히 지켜보고 내재된 감정들을 살펴보고 난 뒤, 반복적으로 일어나는 차 사고가 어쩌면 그의 난폭한 운전 습관 때문일지도 모른다는 생각을 하게 됐다. 좀 더 깊숙이 조사하자 그는 자신의 난폭한 성향이 불안정함과 분노의 억눌린 감정에서 생긴다는 것을 알았다. 그는 자신의 운전방식이나 사고들, 더불어 어쩔 수 없었던 사고들까지도 책임을 져야 한다는 것을 인정하게 됐다. 중요한 것은 그가 스스로 자신의 인생과 발생하는 모든 일들에 대해 책임을 져야 한다는 사실을 마침내 이해했다는 것이다. 그가 이런 방식으로 자신으로부터 예스를 얻어내자 그의 부모님으로부터도 예스를 이끌어낼 수 있었다. 그리고 당연히 차 사고는 현저히 줄어들었다.

이것이 본인 책임지기와 자기 이해가 서로 짝을 이루었을 때 나오는 힘이다. 본인의 책임 없이 자기 이해만 한다면 자기 연민으로 빠지거나 또는 자책을 하는 등 더 나빠질 수도 있다. 자신으로부터 예스를 얻으려면 이 두 가지가 모두 필요하다. 샘의 이야기에서 알 수 있듯이 자신의 입장으로 생각해보고 이해하면, 자신의 삶과 행동에 책임감을 가지게 되는 것이다.

자신의 인생에 책임진다는 것은 본인의 성공이나 능력을 인정한다는 의미도 있지만 또한 자신의 실패나 실수도 받아들인다는 뜻이다. 그렇게 하려면 솔직함과 용기가 필요한데, 그때 비로소 자신이 진정으로 자신의 입장에서 생각해봤다고 얘기할 수 있다. 전적으로 자신의 입장이 되어보는 것이다. 본인 책임이 종종 자책하기와 혼동되곤 하는데 사실 이는 정반대다. 자책하는 것은 뒤를 돌아보며 과거를 평가하는 것이다. "직장에서 내가 얼마나 무능력했는가!" 반면 본인 책임지기는 근본적으로 미래를 지향하며 어떻게 문제를 풀어갈지를 생각하는 것이다. "내 업무를 성공적으로 하려면 난 무엇을 해야 할까?"

인생이 한 편의 연극이라면 자신은 극작가가 될 수는 없을지 몰라도 연출가가 될 수는 있다. 자신이 선택한 대로 연극을 해석해서 주인공을 운명의 희생양이 되게 할 수도, 숙명을 이끄는 대장이 되게 할 수도 있다. 자신에게 일어나는 사건들이 그럴 만하건 아니건 인생을 결정하는 요인은 자신이다. 우리 마음대로 닥친 상황을 선택할 수 없을지는 몰라도 문제를 대응하는 태도는 결정할 수 있다.

내 친구인 제리 화이트Jerry White는 예루살렘에서 유학하던 중에 골란 고원으로 캠핑을 갔다가 6일 전쟁Six Day War(1967년 6월 5~10일까지 발생했던 제3차 중동전쟁) 때 묻혔던 지뢰를 밟았다. 그는 두 다리를 잃었고 생명까지 위태로웠다. 그가 여러 달 병원 침대에 누워 회한과 분노, 씁쓸함 그리고 자기 연민 같은 복잡한 심정으로 뒤엉켜 있을 무렵, 옆 침상에 있던 한 군인이 그에게 말을 걸었다.

"제리, 이 일은 자네에게 일어날 수 있는 최악 아니면 최고의 일이네. 자네가 결정하게."

제리는 그 군인의 충고를 받아들여 자신이 겪은 불행이 타인 탓만 하는 희생양의 역할로 전락하지 않도록 마음을 고쳐먹었다. 제리는 자기 인생에 책임을 지고 주변상황을 변화시켰다. "난 불운으로 인해 인생을 망쳐버린 냉소적이고 징징대는 제리라는 내 이미지가 싫었어."[11] 그는《나는 부서지지 않으리I Will not be Brocken》라는 감동적인 책도 출간했다.

"살아가야 할 인생이 있었고 뛰건 구르건 어쨌든 내 인생이었고 난 되돌리려 했다."

그 결과 제리는 자신과 자기의 인생에서 예스를 얻었다.

물론 이것도 결코 쉽지 않았지만 제리는 삶이 계속되도록 그의 불운한 사고에 대응했다. 이로 인해 제리는 세계적으로 전쟁이나 테러로 인한 지뢰 부상에서 살아남은 희생자들을 돕는 생존자단체를 공동 설립했고, 이 단체는 노벨상 산하에서 지뢰를 금지하는 국제적인 캠페인을 벌이는 주도적 역할을 하고 있다. 그것으로부터 제리는 공공서비스 분야에 관여해 세계 도처에서 발생하는 갈등을 해소하는 데 힘쓰고 있다. 그 자신에게서 예스를 이끌어낸 것이 남들로부터 예스를 얻는 데 도움을 주었고, 그가 해온 일은 사회 전체의 예스를 구하는 데 일조했다.

제리는 자신의 연극에서 자신을 무능한 희생자에서 리더의 역할로 바꾸었다. 스스로 바라보는 시각을 전환했다. 제리처럼 우리 모두는 "누구를 탓할까?"에서 "우리가 배워야 할 것은 무엇인가?"로 질문의 틀을 다시 짤 수 있는 능력이 있다. **불행과 맞닥뜨리면 현재 상황에 대해 자기 인생이나 남의 탓을 하든지 아니면 인생이 어떤 가르침을 우리에게 줄지 궁금해하고 물어볼 수 있다. 자신의 상황을 거부하는 대신 지금 자신의 인생에 책임지는 것이다.** 특별한 역경을 마주하지 않으려 해도 자신 앞에 그 난관이 놓여 있으면 어쩔 수 없이 선택해야 한다. 제리처럼 운명에 불평하는 대신에 그것을 감싸 안는 쪽을 택하는 것이다.

객관적으로 말해서 자신의 상황을 단지 부분적으로만 통제할 수 있다 하더라도 여전히 자신의 경험은 충분히 본인 의지대로 할 수 있다. 제리의 경우에서 보듯이 우리는 직접적으로 계속 영향을 미치는 사건들을 어떻게 생각할지 또는 어떻게 대응할지, 아무리 나쁜 상황이라도 본인 나름으로 해석할 수 있다. 만약 비즈니스 계약이 어긋나면 보통 우리는 남 탓을 하거나 분노로 들끓곤 하는데, 그 대신에 실패를 배울 수 있는 기회로 보거나 새로운 거래로 옮겨갈 수 있다. 또는 배우자나 파트너가 이별을 고하면 그들을 원망하고 그런 결정을 자신의 경험으로 정의하곤 하는데, 그렇게 하기보다는 자신의 감정을 잘 들어보고 받아들여서 자신의 인생으로 새 출발하는 것이다.

아마 《죽음의 수용소에서》의 저자 빅터 프랭클 박사보다 더 우리의 '결정할 수 있는 능력'의 진리를 잘 보여준 이도 없을 것이다. 그는 아우슈비츠와 다하우, 다른 나치 강제수용소에서 3년 동안 겪었던 뼈저리고 가슴 아픈 경험을 통해 이 진리를 생생하게 표현해냈다. 그가 최악의 상황에서 교훈을 얻었듯이 자유를 완전히 빼앗긴 상황에서도 우리가 선택한 결정에 의미를 부여함으로써 끝내 자유로움을 유지하는 것이다. 상상조차 할 수 없는 고통의 한가운데서 프랭클 박사는 자신의 인생과 경험에 책임을 지기로 결심했다. 그는 도움이 필요한 사람들을 도와주고 위로를 했으며 작은 음식물이라도 나눠주었다. 아무런 능력도 없을 것 같은 상황에서 그는 자신의 인생을 다스리는 힘을 개척한 것이다.

인생을 책임진다는 것이 다소 부담스러워 보이지만 오히려 자유로워질 수 있는 것이다. 자기 자신과 타인을 향하던 원망이 엄청난 에너지가 되어 분출된다. **무책임하고 남 탓하기로 스스로가 만든 감옥에 우리 자신을 희생양으로 가둬뒀다는 사실을 깨닫는 순간, 그 벽은 깨지고 자유로워진다. 내 인생을 사는 것은 충만한 삶을 사는 시작인 것이다.**

자신의 인간관계 지키기

내가 여태껏 지켜본 바로는, 남 탓하기가 다툼의 근간이라면 인간관계를 위해 스스로 책임지기는 진정으로 성공적인 해결책의 뿌리라 할 수 있다.

집이나 직장에서 또는 이웃 간에 문제가 있었던 당신 주위의 유대관계를 생각해보라. 당신은 남들을 원망하거나 스스로 피해자 행세를 한 적이 있는가? 관계가 적대적일 경우 남 탓을 하는 것은 매우 흔한 일이다. 그러나 알다시피 모든 인간관계와 다툼에는 적어도 당사자가 둘이다.

《열정적인 결혼Passionate Marriage》을 집필한 심리학자 데이비드 슈나르크David Schnarch 박사는 그의 책에서 수전Susan이라는 인물을 소개했는데, 그녀는 절실히 남들과 소통하고 친하게 지내고 싶어 했지만 남편 프랭크와의 결혼생활은 끔찍했다. 둘 사이에는 거의 대화가 없었는데 수전은 그런 프랭크를 다그치고 잔소리를 해봤지만 그녀가 그럴수록 프랭크는 더욱 숨다시피 피해 다녔다. 수전은 부부의 관계가 회복되지 않는 것은 다 남편의 잘못이라고 생각했고, 그녀가 원하는 예스를 남편으로부터 얻을 수 없어 화가 나고 짜증이 나 있었다.

남들과 이야기하고 감정을 나누면서 그들과 깊이 교류하고 싶었던 수전은 상담가의 도움을 받아 자신의 처지를 생각해보고 스스로를 있는 그대로 받아들이고 이해하는 방법을 배웠다. 그러자 그녀는 대화하기 싫어하고 감정을 드러내지 않던 남편을 이해하기 시작했다. 그녀는 어떻게 자기 자신이 부정적인 감정 흐름의 원인이 되는지 알게 됐고, 남편이 상황을 회피하려 할 때면 어김없이 잔소리를 했다는 것을 깨달았다. 남편 프랭크는 어린 시절 많은 트라우마를 가지고 있어서 마음을 여는 것이 그리 편하지 않았다. 사실은 수전이 그를 다그칠수록 프랭크는 몹시 불편해했고 입을 닫아버렸다.

타인의 단점은 당신이 아닌 그들의 문제로 간주해야 한다. 당신의 숙제는 어떻게 대응하는가이다. 수전이 했던 것처럼 당신 자신이 얼마나 골치 아픈 인간관계의 원인이 되었나를 인지하면 된다. 비록 당신 눈에 당신의 원인 제공이, 특히 다른 이와 비교했을 때, 아주 미미하더라도 원인을 제공하는 것만은 분명하다. 그리고 수전처럼 상황을 정직하게 관찰한다면 당신이 제공하는 원인이 그리 작지 않다는 것을 알 수 있다. "당신이 누군가를 지적하면 나머지 세 개의 손가락은 본인을 가리킨다."는 오래된 속담이 있다. 이것은 당신 자신을 탓하라는 것은 아니지만 당신도 그 문제와 인간관계에 일조했다라는 것을 알라는 뜻이다. 남 탓을 하느라 허우적거리기보다는 이것으로 양쪽이 다 엉망이 된다는 사실을 아는 것이 더 중요하다. **그리고 어느 쪽이든 관계를 바꾸려고 시도해야 한다. 본인의 인간관계에 책임을 다하는 것은 그것을 바꿀 수 있는 능력을 개척하는 것이다.**

인간관계에 책임을 진다는 것은 당신의 말이나 행동으로 피해를 끼치거나 문제거리를 제공했을 때 알아차린다는 것을 의미한다. 직업상 사업 분쟁에서부터 부족 전쟁까지 관여하는 중재자로서, 나는 진심 어린 사죄가 관계의 불화를 치유하는 힘이 된다는 사실을 목격해왔다. 한 사례를 기억하는데, 터키에서 내전이 발발하려던 무렵 나는 유럽에서 개최된 터키와 쿠르드 대표의 비밀 면담을 도우고 있었다. 터키의 한 퇴역 장군이 발언하기를 요청했다. "터키의 전 무장부대의 통솔자로서 이 끔찍한 전쟁으로 수많은 쿠르드족 마을이 고통 받고 있다는 걸 압니다. 무고한 사람들이 다치고 죽었다는 사실도 알고 있습니다. 그리고 사적으로나마 정말 죄송하다는 말씀을 드리고 싶습니다." 긴장감은 최고조였지만 이 진심에서 우러나온 발언이 극적으로 분위기를 바꿨고, 협력해서 전쟁을 종식시키자는 궁극적인 합의를 이끌었다. 이 경우에 사과를 성공하게 만든 것은 그 전의 보이지 않는 작업 덕분이었는데, 장군은 면담에서 사과하기 전 그의 행동과 자기가 해야 할 역할을 자기 것으로 인정한 것이다. **사과의 성공 여부는 결정적으로 행동의 내면에 달려 있다.**

자신의 욕구 인정하기

《YES를 이끌어내는 협상법》을 집필하며 나와 로저 피셔는 협상에서 가장 큰 동력은 자신의 배트나BATNA(협상 합의안이 아닌 최상의 대안)인 것에 대해 논쟁을 했다. 당신의 배트나BATNA란, 상대방과 원만한 합의를 이루지 못했을 때 당신의 관심사를 만족시킬 수 있는 최상의 대안이다. 예를 들어 새로운 직업 제안을 협상하고 있다면 최고의 차선책은 다른 일자리도 찾아보는 것이다. 계약적 분쟁의 경우에는 협상을 위한 최고의 차선책은 중재자의 도움을 받거나 법정 소송을 하는 것이다. 자동차 판매상과의 가격 합의를 이룰 수 없으면 다른 판매자를 찾으면 된다. 협상 과정에 어떤 상황이 발생한다 하더라도 당신의 배트나BATNA가 또 다른 차선책이 있다는 자신감을 주는 것이다. 이렇게 하는 것이 당신의 요구사항을 만족시키기 위해 상대방에게 좀 덜 의지하게 만든다. 더불어 자유로움, 활력, 자신감을 주는 것이다.

35년 동안 나는 사람들에게 자신들의 배트나BATNA를 알고 개발시키는 법을 가르쳐왔다. 그러나 사람들은 이렇게 하는 데 어려움을 호소하고 대부분 그들의 대안이 뚜렷하지 않다거나 혹은 전혀 매력적이지 않다고 말했다. "다른 일자리를 찾을 수 없군.", "법정으로 가면 많은 시간과 돈이 들 텐데……." 협상해야 할 상대편이 좀 더 강해 보이면 대부분의 사람들은 힘의 균형을 맞추는 데 힘들어한다.

하지만 우리는 외부 상황이 어떻든지 간에 우리 내부에 항상 존재하는 힘을 키울 수 있는 방법이 있다. 협상이나 갈등 상황에서 합의를 이루기 위해 외부적인 차선책을 개발하는 것보다 먼저 내부의 대안을 만드는 것이다. 먼저 남들이 어떻게 하든 상관없이 자신의 절실한 요구사항을 책임질 수 있도록 자기 자신에게 무조건적인 서약을 하는 것이다. 그 서약이 우리의 내적 배트나BATNA이다. 진정한 능력이 우리 안에서 시작되는 것이다.

직업 제안 협상의 사례처럼 외적 배트나BATNA가 설령 다른 직업을 수락했다 하더라도, 내적 배트나BATNA는 이 직업 제안 협상의 성공 여부와 상관없이 어떠한 상황에서도 자신의 요구사항을 만족시키고 실천하겠다는 약속이다.

핵심은 '어떠한 문제일지라도'이다. 내적 배트나BATNA는 당신이 불만족한 어떤 문제일지라도 그것이 자기 자신이나 타인, 아니면 인생 그 자체라도 원망하기를 그만하라는 약속이다. 이것은 본인의 의무로, 남에게 의지했던 자신의 요구들에 책임지고 어떠한 상황에서라도 스스로가 떠맡겠다는 뜻이다. 이 무조건적인 약속이 특히 힘든 상황이나 다툼에서 자신의 환경을 변화시킬 동기를 부여하고 능력을 준다. 실질적으로 내적인 배트나BATNA가 외적인 배트나BATNA의 근원인 것이다.

앞서 얘기한 수전의 경우에서 그녀는 자신의 불행한 관계 속에서 계속 머무르거나 프랭크를 떠날 수 있었다. 물론 떠나는 것은 최후의 수단으로 그녀는 정말 그렇게 되길 원하지는 않았다. 협상의 관점에서 떠나기는 그녀의 외적인 배트나BATNA였고, 남편 프랭크와 그 어떤 합의점에 이르지 못하게 된다면 그녀의 욕구를 충족시킬 최상의 행동이었다. 관계의 흐름에서 그녀에게 주어진 책임감은 그녀가 자신의 요구들에 책임을 다하는 것이다.

그녀는 자신의 내적 배트나BATNA를 발전시켜 어떠한 문제가 있어도 자신의 요구사항들에 책임지겠다는 약속을 스스로에게 했다. 그렇게 해서 그녀는 완전히 새로운 방식으로 남편에게 다가갈 수 있었다. 수전은 침착하게 남편 프랭크에게 알려주었다.

> "난 더이상 우리가 얼마나 대화를 안 하는지 신경 쓰지 않고 당신에게 그렇게 하라고 닦달하지 않을 거예요. 하지만 더 이상 당신에게 잔소리하거나 나무라지 않는다고 내가 그 방식 그대로를 인정한다고 생각하지는 마세요. 나 자신을 위해 난 당신이 나에게 말을 걸어준다는 사실에 기뻐할 만큼 불쌍해지고 싶지는 않아요. 그리고 당신이 소리 지르는 아내 때문에 항상 부담감을 느끼는 걸 원치 않아요. 이제부터 당신이 하는 행동들은 당신이 정말로 어떻게 살고 싶은지를 보여주는 당신의 결정이라고 이해하고, 나도 내 인생을 그런 식으로 결정할 거예요."[13]

수전은 그녀가 의도한 바와 정반대 효과만 내는 남편의 행동을 통제하는 것을 그만두기로 했다. 대신 그녀는 본인의 요구사항에 책임을 지고 어떻게 행동할지 정했다. 프랭크가 어떻게 행동하든 그녀 자신은 좀 더 인생에 친절하고 만족스럽게 살기로 마음먹었다. 남편이 스스로 결정하는 것을 인정함으로써 그에게 존경심을 표하고 동시에 그녀도 자신의 자립을 존중했다.

표면적으로 수전의 접근방식이 그녀의 결혼에 위협적으로 보일 수 있지만, 사실은 그 반대의 결과를 가져왔다. 자신의 행동과 미래에 책임지겠다는 의지가 수전으로 하여금 프랭크를 비난하는 부정적인 습관을 그만두게 했다. 비난이 없으니 프랭크는 안정감을 느꼈고 마음을 열고 그의 감정이나 요구를 말하기 시작했다. 그들의 결혼이 무사히 지켜졌을 뿐만 아니라 변화하기까지 했다. 수전은 자기 자신과 남편 프랭크에게서 예스를 얻은 것이다.

우리는 남들이 우리의 바람을 채워주길 기대할수록 타인의 권력이 우리를 지배하게 하고, 우리는 좀더 의존적이 되거나 도움을 필요로 하는 행동을 하기 쉽다. 본인의 요구사항에 책임지는 것이 우리 자신을 돕고, 또한 수전의 이야기처럼 다른 이로부터 예스를 이끌어내는 과정을 좀 더 용이하게 해준다. 우리의 외적 배트나BATNA는 바뀔 수 있는 반면, 자신을 잘 돌보기로 약속한 내적 배트나BATNA는 항상 제자리에서 우리 곁을 지킨다. 협상에 관해 가르치면서 갈등 상황에서 우리에게 자신감과 활력을 주는 최고의 배트나BATNA는 내부에서 시작한다는 것을 나는 깨달았다. 이것이 '협상에서의 성공'에서 놓쳐버린 열쇠다.

살면서 우리는 필연적으로 여러 상황에 부딪히게 되어있다. 악덕 상사가 야근에 주말까지 일을 시켜도 직장이 필요하다고 말하면서 묵묵히 따른다. 변덕스러운 고객이 끊임없이 막판 수정과 양보를 요구해도, 우리는 비즈니스라며 어쩔 수 없이 받아들인다. 10대인 딸이 훈계 듣는 걸 거부하고 부모에게 버릇없이 굴어도, 딸의 이런 행동을 무시한 채 부모들은 딸의 사랑을 필요로 한다. 이런 일련의 힘든 상황하에서는 남들에게서 열악한 대우를 받아들이는 것 외에는 다른 선택의 여지가 없어 보일 수도 있다. 이러면 자신이 타인의 감정적 포로가 되는 함정에 빠지기 쉬워진다.

결국 우리 각각은 "자신의 가장 핵심적인 심리적 욕구를 누가 책임질 것인가?"에 답해야 한다. "누군가가!"라고 대답한다면 자신의 권력을 타인에게 양도하는 것이며, "나 자신!"이라는 대답이야말로 자신의 인생과 미래를 바꿀 수 있는 능력을 개척하는 것이다.

남 탓하기에서 스스로 책임지기

아마도 내가 스스로 책임지기의 교훈을 배운 것은 나에게 닥친 개인적으로 가장 힘든 상황이자 타협의 과정이었던, 나의 딸 가브리엘라Gabriela의 생명과 건강을 담당한 의사와 간호사들에게서였을 것이다. 우리는 딸을 개비Gabi라고 불렀는데, 개비는 척추와 척수, 발 그리고 여러 장기에 영향을 미치는 선천적 기형증인 바터 증후군VATER Syndrome을 가지고 태어났다. 개비는 태어난 날부터 당장 의학적 치료가 필요했고 그 후로 몇 년간 15차례나 큰 수술을 받았다. 처음엔 걸을 수 있을지 아니면 살 수나 있을지 불분명했다. 아내 리젠Lizanne과 나에게 가장 힘들었던 것은 개비가 고통 받는 것을 그대로 지켜보는 것이었다. 우리는 개비의 생명, 건강 그리고 행복을 걱정했다.

개비의 고통에 무엇인가 원망할 거리를 찾아다녔고, 혹독한 시련을 겪는 우리 부부 자신이나 대답 없고 냉담한 의사들, 심지어는 삶까지도 비난하고 싶은 충동에 사로잡혔다. 그러나 우리가 배운 대로 남이나 그 어떤 것을 원망해도 소용없었다. 앞으로 나아가야 할 가장 건전한 방법은 우리의 삶 자체와 의사나 간호사들과의 관계, 그리고 자신의 심리적 요구에 책임을 지는 것이었다.

심리치료사인 친구의 도움을 받아 우리는 먼저 자신의 입장에서 생각해보기를 배웠다. 아내와 나, 우리 둘 다 과하게 행동하고 있었고 내면의 아픔을 피하고 있었다. 그래서 먼저 발코니로 가서 우리 자신의 소리를 들어보았다. 그동안 무감각했던 감정인 공포나 걱정, 조바심, 죄책감, 수치심 그리고 분노 등을 느껴보았다. 우리는 특히 어렵고 위험한 수술을 접했을 때일수록 자기 자신과 서로에게 공감하고 연민을 느끼는 것을 배웠다. 일부러 자신의 고통과 맞서서 개비를 잃을 수도 있다는 가장 최악의 두려움에도 비켜서지 않자, 우리는 정서적 안도와 치유를 경험하며 아픔을 잘 헤쳐나갈 수 있었다. 모든 방어적 본능이 우리를 고통으로 끌고 가려 했지만, 우리가 배운 값진 교훈은 앞으로 나아가야지만 끝낼 수 있다는 것이었다.

자신을 이해하는 작업은 우리가 처한 상황에 책임을 다할 수 있도록 도와준다. 우리는 인생을 그 자체로 받아들이되 거부하거나 상황이 변했으면 하는 바람으로 시간과 에너지를 낭비하지 말도록 배웠다. 대응할 수 있는 능력을 발휘해 개비와 가족 그리고 우리 자신을 도울 수 있는 최상의 방법을 찾도록 노력했다. 웃음과 사랑이 가득한 정상적이고 건강한 가족생활로 이끌기 위해, 가능한 모든 기회를 가졌다. 개비를 오빠와 다름없이 똑같이 대했고, 비록 개비에게 체력적으로 좀 더 힘든 역경이라도 자신이 좋아하는 스포츠에 참여하게 해서 자신의 삶을 가능한 한 충만히 살도록 격려했다. 개비가 자신을 희생자로 여기거나 자기 연민에 빠지지 않자 매일 매일을 재미있게 보내며 우리에게 최고의 스승이 돼주었다. 우리는 결코 자발적으로 개비나 우리를 위해 고난을 선택한 적은 없지만, 힘든 상황에 "노"가 아닌 "예스"를 외쳤다. 이로 인해 우리의 인생도, 주도권도, 그리고 좀 더 나은 상황으로 바꾸려는 활력도 되찾을 수 있었다.

또한 의사나 간호사들과의 관계에 책임지는 법도 배웠다. 설령 전문의가 좀 무심해도 원망하기보다는 적극적으로 문제를 대처하는 쪽을 택했다. 예를 들어 척수수술을 하기 전, 이제 막 5개월이 된 개비를 안고 있는 아내 앞에서, 한 의사가 무심코 자신이 가르치는 학생들에게 "많은 어린아이들이 이 수술을 하는 걸 봤는데, 대개 양쪽 하체 마비paraplegic가 생겨."라고 얘기하는 상황이다. 그의 무정함은 우리에게 충격적이었다. 얼마 지나지 않아 우리는 그 의사가 개비를 수술할 수 있는 가장 유능한 의사라고 소개받았다. 그와의 첫 대면에서 받은 충격으로 그를 거부할 수도 있었지만 발코니로 가서 무엇이 개비를 위한 최선인가를 생각했다. 결국 그와 좋은 관계를 맺었고, 나중엔 친구가 되면서 많은 시간을 할애해 수많은 수술에 대한 상담도 해주고 개비를 잘 돌봐주었다.

우리가 이런 중요한 관계에서 잘 처신할 수 있도록 도와준 것은 본인의 심리적 요구를 잘 돌보겠다는 자신과의 약속이었다. 그렇게 함으로써 개비의 수술에 대한 걱정의 강도를 잘 조절할 수 있었다. 개비는 두려워해야 할지 아니면 신념을 가져야 할지를 우리에게 많이 의지하면서부터, 우리 부부가 덜 걱정할수록 그리고 더 믿음을 가지고 침착하고 당당할수록 개비 역시 그렇게 따라주었다. 우리와 개비가 덜 염려할수록 가끔은 무뚝뚝하고 대꾸 없는 의사나 간호사를 아무렇지 않게 대하기가 더 쉬워졌다.

그것은 우리에게 커다란 가르침이었다. 우리는 전적으로 의료시스템에 의존해야 한다고 생각했지만 우리가 좀 더 책임감을 가지고 스스로와 삶에 자신감을 키우자 좀 더 편안해졌고, 그로 인해 우리는 개비의 지지자로서 좀 더 효율적인 역할을 할 수 있었다. 모두에게 이득이었다. 우리 자신에게서 예스를 얻어내는 것이 개비의 생명을 의지했던 이들에게서 예스를 이끌어낼 수 있도록 도와준 것이다.

아내와 내가 배운 대로, 자신의 요구에 책임을 다하는 것이 근본적인 자기 리더십이다. 종종 내적 판단이나 끊임없는 비판이 두려움, 원망, 죄책감이나 창피함을 도구 삼아 주도권을 쥐려 한다. **책임지기는 우리가 이런 감정에 대항해 내적 혁명을 불러일으키게 한다. 심판관을 쫓아내고 자기 삶의 리더는 바로 자신이 적임자라고 생각하는 것이다.**

중요한 교훈은, 그런 책임감이 자신의 가장 절실한 욕구와 만나게 해주는 능력과 맞먹는다는 것이다. 결국 우리 각각은 태도의 선택과 마주하게 된다. 남 탓하기가 자신에게 힘을 부여해 스스로에게 "노"라고 말하는 것이라면, 책임을 진다는 것은 힘을 재생해서 "예스"라고 말하는 것이다. 남 탓하기를 그만두고 관계와 욕구에 책임감을 가지면 갈등의 원인에 접근할 수 있고 협상과 삶의 변화를 리드할 수 있다.

이것이 '자신으로부터 예스 이끌어내기' 과정의 다음 과제로 인도할 것이다. 본인의 욕구에 대해 책임지더라도 의문점은 남아 있는데, '인간의 절실한 욕구인 소통하고 보호받기를 통한 만족의 원천을 어디서 찾는가?'이다. 그것을 위해 다음의 중대한 태도적 변화가 필요한데, 바로 우리를 지탱하고 있는 삶에게 예스라고 외치는 것이다. 즉 '자신에게 예스'라고 말했다면, 이제는 '인생에게 예스'라고 말할 때다.

3 단 계

자신의 시각을 재설정하라

_ 불친절하기에서 친절하기로

"자신 말고는 그 어떤 것도 평화를 가져다줄 수 없다."

_ 랄프 왈도 에머슨

내면의 예스 방법

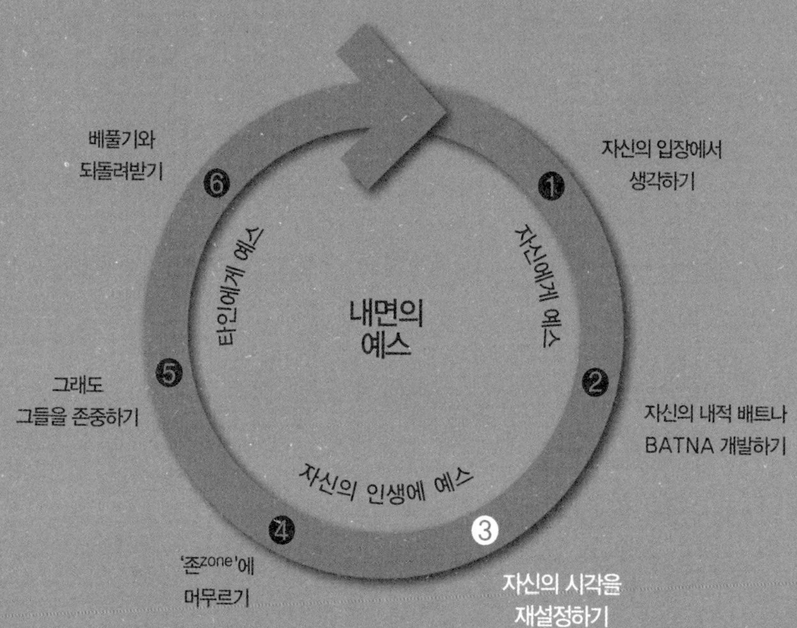
내면의
예스
자신에게 예스
자신의 인생에 예스
타인에게 예스
1
자신의 입장에서
생각하기
2
자신의 내적 배트나
BATNA 개발하기
3
자신의 시각을
재설정하기
4
'존zone'에
머무르기
5
그래도
그들을 존중하기
6
베풀기와
되돌려받기

제2차 세계대전이 발발하고 원자폭탄이 출현했을 때, 앨버트 아인슈타인Albert Einstein은, 아래 내용이 우리 각자에게 가장 중요한 질문일 것이라고 주장했다. 즉, "'세상은 우호적인 곳인가?' 이는 우선시 되어야 할 가장 기본적인 질문으로, 모든 이들이 스스로에게 대답해야 할 것이다."라고 그는 단언했다.[14)]

아인슈타인이 이유를 설명하기를, 만일 세상을 적대적으로 본다면 우리는 서로를 적으로 대할 것이라고 했다. 집단적으로 중무장을 해서 첫 번째 도발부터 대응할 것이다. 인간에게 대량 파괴 무기들이 주어지고, 결국 우리 자신뿐만 아니라 다른 생명마저도 지구상에서 파멸된다.

그러나 세상을 호의적으로 본다면 우리는 서로를 잠재적 파트너로 여길 것이다. 가정이나 직장 또는 이웃처럼 우리와 가장 가까이 있는 이들과 함께 시작한다면, 좀 더 확실히 예스를 이끌어낼 수 있고 점차적으로는 인류 전체로 확대될 수 있다. 달리 표현하면 이 모든 중요한 질문의 대답은 '자기 확신self confirming'이다. 자신의 즉각적인 반응에 의존한다면 우리는 다르게 행동할 것이고, 상호작용도 정반대의 결과를 낳을 것이다.

협상 수업에서 나는 재설계 능력과 상황의 각각 다른 해석, 의미의 수용력 등을 가르쳐왔다. **모든 어려운 대화나 협상에서도 우리에게는 선택권이 있다. 협상을, 한 쪽이 이기고 다른 쪽은 지는 적대적 대결로 접근할 것인가? 아니면 서로 협력해서 양쪽 다 이득인 문제해결의 기회로 볼 것인가?** 우리에게는, 파트너 간에 적대적인 대면에서 상호 협력으로 바꾸는 어려운 회의를 재구성할 수 있는 능력이 있다. 경기를 바꾸는 가장 좋은 방법은 그 틀을 바꾸는 것이다.

그러나 재구성하는 것이 매번 쉽지는 않다. 설령 협상에서 윈-윈 접근법의 장점들을 알고 있다 하더라도 대립의 정점에서는 윈-루즈로 생각하는 함정에 빠지기 쉽고, 상대편과 제한된 자원들, 이를테면 돈이나 이익 또는 권력 등을 놓고 경쟁하는 상황이라면 그들이 상사나 동료, 의뢰인 심지어 배우자나 자녀라 할지라도 적수로 보이기도 한다. 거의 모든 사람들과 마찬가지로 결핍에 대한 두려움이 우리를 지배하면 예스를 이끌어내기는 더 힘들어진다.

그렇다면 어디서 재구성할 수 있는 도움을 구할 것인가? 나는 외부 상황을 재구성하는 능력은 인생 내부의 그림을 다시 그릴 수 있는 능력에서 나온다는 사실을 점점 더 인식하게 되었다. 만약 남들과의 상호관계가 적대적 관계에서 협조적인 접근으로 변하기를 진정으로 원한다면, 스스로에게 아인슈타인의 원초적인 질문을 해봐야 한다. 우리의 활동 전제는 무엇인가? 마치 세상이 무척이나 우호적인 곳이고, 인생이 그야말로 나의 편인 양 우리가 생각하고 행동하고 관계를 맺을 수 있을까?

특히 불행의 한가운데에 있을 때는 인생이 내편이라고 여기기 힘들다. 내가 이 책을 쓰는 동안, 나는 오랜 기간의 게릴라전으로 수천 명이 죽고 수만 명의 이재민이 발생한 나라의 대통령의 협상 고문으로 일하고 있었다. 대통령은 전쟁 종식의 합의를 이룰 가능성을 모색하기 위한 평화회담을 개최하기를 원했지만 자신들을 테러리스트라고 명명한 게릴라군은 큰 정치적 반대 성향을 띠고 있었다. 대통령은 평화회담의 개최를 발표하기 전, 게릴라군과 명확하고 제한된 협의사항의 합의를 원했고, 사전합의를 달성하기 위해 비밀리에 게릴라군 수장과의 심도 깊은 대화가 필요했다.

대통령과 그의 보좌관들은 한 가지 문제에 직면했는데, 어떻게 게릴라군 대장을 정글에 있는 그들의 본거지에서 빼내와 아무도 모르게 사전비밀회담이 열리는 제3국으로 데려올 것인가 하는 것이었다. 아무도 이 작전에 대해서 알아서는 안 되었는데, 언론이나 경찰 특히 그들이 어디에 있는지 안다면 즉시 게릴라 소굴을 쳐들어갈 군대도 마찬가지였다. 극도로 조심스럽고 위험한 임무를 위해 대통령은 제임스James라는 인물을 임명했다. 제임스가 해야 할 일은 개인용 헬리콥터로 정글 한가운데에 있는 비밀 장소로 가서 게릴라 대장을 데려오는 것이었다.

제임스의 헬기가 약속된 장소에 도착했을 때 거기에는 아무도 없었고, 몇 분 후 AK47 자동소총을 든 몇 백 명의 게릴라 무리들이 정글에서 나와 제임스가 타고 있는 헬기에 총구를 겨누고 있었다. 제임스는 게릴라들이 자신들의 대장에게 이 모든 계획이 속임수였다며 환호성을 지르는 것을 들었다. 긴장과 불신의 강도는 최고조였다.

제임스에게 이 상황이 얼마나 잔인하고 공포스러웠을지 쉽사리 상상된다. 그는 이 상황을 모면하기 위해 무엇을 할 수 있었을까? 사건이 일어나고 며칠 후 그는 나에게 말해주었다. 헬리콥터에 앉아 있었던 그 순간, 그는 너무 떨려서 도무지 그다음에 무엇을 해야 할지 몰랐다고 한다. 그러나 그는 생각해냈다. 헬기의 문을 열고 밖으로 나가 적군 대장을 향해 대범하게 걸어가서는 손을 뻗어 자신 있게 말했다.

"장군! 지금부터 당신은 대통령의 보호하에 있습니다."

제임스가 몇 백 자루 총의 타깃이 된 자신을 발견했던 그 긴장된 순간에도 그에게는 선택권이 있었다. 반대편을 적대적으로 보거나-주어진 상황에서 그가 그런 결정을 했다 하더라도 비난할 사람은 거의 없지만-아니면 상대를 파트너로 보기로 선택하는 것이다. 제임스는 후자를 택했고 그가 상대편 대장을 파트너로 대접하자 상대편 대장 역시 그를 파트너로 대하였다. 부대원들과의 짧은 이별을 뒤로하고 대장은 제임스의 헬리콥터에 올랐고 비밀평화회담 장소인 타국 수도로 향했다. 6개월 후 원칙에 의거해 사전합의가 발표되고 성숙한 평화협상이 시작되었다.

내가 제임스에게 그처럼 위험한 상황을 재설정할 수 있는 능력을 준 것이 무엇인지 물어보자, 그는 모든 일이 어떻게든 잘 해결될 거라는 전제인 인생에 대한 기본적인 믿음이 있었다고 말해주었다. 그는 인생을 동맹자로 여겼기 때문에 게릴라 대장을 마음에 들지 않는 파트너쯤으로 볼 수 있었다.

만약 우리가 제임스처럼 불행을 대면할 때도 인생의 그림을 근본적으로 우호적인 것으로 재설정하는 법을 배운다면, 우리는 자신으로부터 예스를 얻을 뿐만 아니라 타인으로부터도 예스를 이

끌어낼 훨씬 많은 기회를 갖게 될 것이다. 내 경험으로는 인생의 설계도를 다시 구성할 때 세 가지 훈련이 도움이 되었는데, 첫째는 삶과의 연결 기억하기, 둘째는 자기의 행복을 만드는 능력 기억하기, 마지막으로 인생이 가져다주는 교훈에 감사하기이다.

삶과의 연결 기억하기

"인간이라는 존재는 소위 말하는 우주라는 천체에서 시간과 공간이 제한된 일부분이다. 그는 그 자신을 상대로 생각과 감정을 그 외의 것들로부터 분리시키는 실험을 하려 했다. 일종의 의식의 시각적 망상 같은……." 아인슈타인이 서술한 한 구절이다.[15)]

나의 전공과 연구 작업은 원래 인간의 본성과 문화를 연구하는 문화인류학이었다. 학문을 통해 배웠듯이 인간의 상호연계성은 인류학적인 진리다. 위에서 아인슈타인이 말한 것처럼 우리는 분리된 것이 아니라 인류와 그밖의 생명체가 거대한 망 안에 얽히고설켜 서로 엮여 있다. 생물학적으로 사회적으로 경제적으로 또 문화적으로, 전반에 걸쳐 긴밀하게 연결되어 있는 것이다. 우리는 이 사실이 과학적이라는 것을 인지하고 있지만, 그대로 인정하기가 어려울 때가 있다. 우리는 삶과의 연결을 쉽게 망각하기도 한다.

때때로 아인슈타인의 시각적 망상을 통해 보는 것이 우리에게 다소 충격일 수 있다. 하버드대학교 신경해부학자인 질 볼트 테일러Jill Bolte Taylor 박사는 37세의 나이에 좌뇌 뇌출혈을 겪었다. "얼마나 많은 뇌 과학자들이 자신의 뇌를 면밀히 연구할 수 있는 기회를 가질까요?" 그녀는 화상회의 테드TED 강의를 통해 얘기해주었다. "시간이 흐르는 동안 나의 뇌가 정보를 처리하는 능력을 완전히 상실해가는 걸 지켜봤어요. 뇌출혈이 있던 날 아침엔 걷거나 말하거나 읽고 쓸 수도 없었고, 내 인생의 그 어떤 것도 기억할 수 없었죠."

그러나 동시에 놀랍게도 테일러는 스트레스나 걱정을 떨쳐버렸을 때 기분 좋은 행복감을 느끼기 시작했다. "상상해보세요. 뇌의 재잘거림으로부터 완전히 차단된 기분이 어떨지." 그녀는 테드에 참여한 청중에게 말했다. "저는 평온함을 느꼈습니다." 그녀는 분리되었다는 느낌 – 시각적 망상 – 은 사라지고, 삶에 연결되어 있음을 느꼈다. 의도하지 않고도 그녀는 인생의 설계도를 비우호적인 것에서 우호적인 것으로 재구성한 것이다.

테일러는 뇌졸중을 이겨내는 데 8년이라는 시간이 걸렸고, 이는 느리고 힘들었지만 그녀가 알아낸 행복과 평온의 기분을 다른 이들에게 가르치겠다는 바람이 그녀를 계속 자극했다. 그녀는 놀랍도록 다른 기능을 하는 이등분된 양쪽의 뇌가 그녀에게 어떤 영향을 미치는지 이해하게 됐다.

일반적으로 좌뇌는 언어나 논리력, 판단력 그리고 시간감각 등 일상생활에 필요한 도구들을 담당한다. "우리의 좌뇌는 순차적으로 생각하고 창작하며 언어를 이해하고 어디서 시작할지와 끝낼지의 경계를 결정하고 잘잘못을 가립니다. 또 세부사항의 우두머리로 세부항목을 더 세심하게 더 세분화해서……. 이 좌뇌는 타인과 차이점에 관심을 보이고 자신과 다른 이들을 비판하는 것을 전문적으로 합니다."[16]라고 테일러는 설명한다. 바로 테일러가 뇌졸중으로 영향을 입은 좌측 뇌에 대한 설명이다.

좌뇌가, 우리가 남들로부터 분리되어 있거나 다르다는 것을 감지하는 역할을 주로 한다면, 우뇌는 우리가 삶이나 다른 이들과 연결돼 있다는 것을 느끼게 해준다. "우뇌는 우리의 유사성, 현재의 시점이나 목소리의 억양 또는 우리 모두가 어떻게 서로 연결되어 있는지에 초점을 맞춥니다. 비슷한 점들에 주의를 기울이다 보니 우뇌는 인정 많고 포괄적이고 솔직하며 다른 이들을 후원하죠." 테일러는 설명했다.

분명 인생의 위험에서 우리를 보호하고 바른 방향으로 이끄는 데 도움이 되는 좌뇌가 필요하다. 그야말로 없어서는 안 될 존재다. 그러나 테일러가 뇌졸중 중에 경험했던 일종의 연계나 만족감을 느끼게 해주는 우뇌 역시 있어야 한다. **우뇌의 관점에서는 아인슈타인의 질문에 긍정적인 해답을 제시하는데, 삶은 궁극적으로 우리 편이라는 것이다.**

테일러 박사는 외상성뇌졸중으로 우연히 그녀의 오른쪽 뇌와 완전한 접속이 가능해졌다. 처음으로 우뇌로 가는 방법을 알게 되자 그녀는 반복적으로 접속할 수 있었다. 그러나 우리는 어떠한가? 우뇌와 연결되어 있다는 지각에 어떻게 접근할 것이며, 아인슈타인이 묘사한 분리의 시각적 망상을 어찌 해소할 것인가? 어떻게 우리는 다른 이와 연결되어 있다는 느낌과 공통점을 기억해서 그것이 기본 생활방식이 되도록 할 것인가? 필요치 않을 때 어떻게 하면 수다스러운 왼쪽 뇌를 의도적으로 내버려둘 수 있을까?

테일러는 우리 각자가 우뇌를 보다 자주 더 수월하게 접속할 수 있다고 믿는다. 우뇌를 훈련하기 위해 독창적이고 육체적인 활동에 참여하는 것도 한 가지 방법이다. 테일러에게 이런 활동들은 수상스키, 기타 연주, 스테인드글라스 만들기 같은 것들이었다. 각자 좋아하는 방식이 있을 것이다.

내가 가장 좋아하는 활동으로는 산을 등반하는 것으로, 스위스 알프스에서 살았던 여섯 살 무렵부터 쭉 즐겨왔다. 산 정상에서 보는 광경은 숨이 멎을 정도다. 정상에서 바라보면 세상은 발 밑에 펼쳐져 있는 것 같고, 마치 나는 없어지는 것 같은 기분이 든다. 내 몸은 산과 비교되어 오그라드는 것 같다. 나는 우주라는 캔버스에 작은 점 하나가 자리를 차지하듯이, 더 큰 그림의 떼어낼 수 없는 부분인 배경 속으로 사라진다. 시각적 망상은 순식간에 사라지고 모든 것은 서로 연결되어 있다는 과학적인 진리를 내 마음의 눈을 통해 본다. 나는 무한소의 기분이지만 그러나 어떤 무한함과 겸허 그리고 동시에 의기양양함을 느낀다.

우리는 좌뇌로 세상을 보는 데 매우 익숙한데, 논리적이고 비판적이며 수많은 제약이 있어서 이 좌뇌의 감각만으로는 모든 것이 서로 연결되어 있다는 사실을 이해하기 어렵다. 하지만 인간이 이런 사고방식을 가지고 태어난 것은 엄연한 사실이다. 갓난아기들은 어디까지가 자기의 몸이고 어디서부터 엄마의 몸인지 거의 인식하지 못한 채, 엄마의 자궁 속에서나 젖을 먹을 때 자연스레 엄마와 연결되어 있다고 느낀다. 어른이 되면서 깊은 사랑이나 경이로움 또는 아름다운 것을 느낄 때 어렴풋이 이 더 큰 그림을 알아차릴 수 있을지도 모른다. 우리 각자는 우리 주변의 모든 생명들과 연결할 수 있는 천부적인 재능을 가지고 있는데, 필요한 것은 이것을 연마하는 것이다.

해야 할 일과 산만함, 갈등 또는 협상으로 가득 찬 현대인의 삶

은 왼쪽 뇌만으로 해결하기에는 힘에 부치기 때문에 매일 훈련을 통해 오른쪽 뇌의 수용력도 개발해서 도와야 한다. 매일 '마음속의 산 정상'에서 일정 시간을 보내는데, 이는 공원을 산책하거나 조용히 앉아 있거나 아니면 명상이나 기도를 통해서도 가능하다. 예술작품을 감상하거나 창작한다든지 아름다운 음악을 듣고 연주해볼 수도 있다. 테일러 박사가 말하기를 이런 활동을 하면서 이 기능을 쓰면 쓸수록 우뇌로 가는 뇌신경 통로가 튼튼해진다는 것이다.

그래서 어려운 회의나 협상에 부닥쳐도 쉽게 오른쪽 뇌로 접근해서 연결감을 기억한다. 나는 중대한 사업 협상을 목전에 두고 파리에서 산책을 갔던 일을 회상한다. 그 협상은 분쟁에 관여한 양쪽 가족에게 큰 고통일 뿐만 아니라 수백만 달러의 재판 비용까지 지불해야 하는 엄청난 사업이권 다툼으로 협상을 통해 분쟁을 끝내려 했다. 산책 말미에 우연히 방돔광장에 새로 전시된 조각상을 지나쳤는데, 쨍한 햇살 아래서 놀랍게도 그 조각상은, 삶을 최고로 즐기고 있는 듯한 밝은 미소를 띠고 있는 중국에서 온 거대한 금은 불상이었다. 발광하는 불상을 응시하자 문득 가열된 대립에 정리된 견해를 갖게 되고 간결한 문구 하나로 시작할 수 있는 영감을 얻었다.

한 시간 가량의 점심식사에서 반대편을 대변하는 유능한 은

행가는 내게 왜 회의를 요청했는지 물었다. 나는 "인생은 짧으니까요! 인생은 서로 해로운 싸움 때문에 사람들이나 가족이 스트레스, 긴장, 많은 재화를 낭비하기에는 너무 짧아요."라고 답했다. 마음을 더 큰 혜안으로 연결시킨 이 간결한 문구가 성공적인 회담으로 이끈 이로운 기운을 가져다준 것이다.

자기만의 행복 만들기

협상에서 아마도 승자와 패자로 생각하게 하는 가장 큰 주범은 '결핍'이라는 마음가짐일 것이다. 사람들은 주위가 충분하지 않다고 느끼면 타인과 갈등이 생기게 마련이다. 같은 영업부 안에서 각각 다른 팀들 간의 분담된 예산 싸움이든, 아이들이 케이크 조각을 가지고 다투는 일이든, 게임은 곧바로 승자와 패자로 나뉜다. 결국에는 양쪽 다 지는 게임으로 끝난다. 싸움은 부서 간 근무 관계에 악영향을 끼치고 결과적으로 양쪽 다 실적을 채우지 못하거나 케이크 조각을 바닥에 떨어뜨리는 일이 생긴다.

내가 조정자의 입장으로 알아낸 협상에서 가장 효과적인 전략 중 하나는, '이익을 나누기 전에 파이 크게 만들기'라는 다소 창의적인 방식이다. 예를 들자면, 예산을 가지고 다투는 두 개의 부서는, 더 큰 기업과의 거래를 성사시킴으로써 두 부서 모두 매출이 증가해 함께 예산을 늘릴 수 있다. 또는 아이들이 케이크에 아이스크림을 얹어 먹고 싶다면, 그 자체로 파이가 더 커지게 된다. 현실의 자원에는 한계가 있을지 몰라도 인간의 능력에는 한계가 없다. 이런 능력을 통해서 수백 건의 협상에서 서로가 더 많은 이익을 창출하는 것을 나는 관찰해왔다.

물론 파이를 크게 만드는 것이 쉬운 일은 아니다. 때로는 재원의 상태에 문제가 생겨 큰 이익을 내기가 불가능해 보이기도 한다. 그러나 내가 경험한 대부분의 걸림돌은 부족하다고 느끼는 마음가짐에서 오는 경우로, '크기가 정해진 파이'가 더 이상 커질 수 없다는 각인된 전제에서 오는 것이다.

그렇다면 우리는 어떻게 이런 시각을 다시 재정비해서 부족하다고 느끼는 생각을 충분하다고 아니면 풍족하다는 생각으로 바꿀 수 있을까?[17] 내가 알아낸 방법은 우리 안에 있는 '내면의 파이'를 크게 만드는 방법을 찾아서 외부의 파이도 쉽게 키울 수 있도록 하는 것이다.

하버드대학교 출신 심리학자 대니엘 길버트Daniel Gilbert는 청중에게 행복에 관해 질문하기를 좋아한다. "복권으로 백만장자가 된 사람과 양쪽 다리를 잃은 사람 중에 누가 좀 더 행복할까요?" 해답이 분명해 보여도 꼭 그렇지만은 않다. 조사를 통한 놀라운 결과는 일 년 후 로또에 당첨된 사람이나 다리를 잃은 두 사람 모두 일이 있기 전만큼 행복하다는 것이다.

조사 내용을 보면 몇몇의 경우를 제외하면 3개월 전에 발생한 엄청난 사건이나 트라우마라 하더라도 현재의 행복에는 거의 영향을 미치지 못한다는 것이다. 길버트 박사의 설명에 의하면 그 이유는, 우리는 스스로 행복을 만들 수 있기 때문이다. 우리는 세상을 보는 방법을 변화시켜서 스스로가 더 기분 좋아질 수 있고 생각보다 회복력도 훨씬 빠르다. "배워야 할 점은 우리의 갈망이나 걱정이 조금 과장되어 있다는 것인데, 왜냐하면 스스로가 지속적으로 뒤쫓고 있는 산물들은 본인이 만든 능력 안에 있기 때문이다."[18] 길버트의 연구가 제시하듯이 우리는 자칫 행복은 바깥에서 추구해야 하는 그 어떤 것이라 생각할 수 있지만 사실은 자신이 안에서 만드는 그 무엇이다.

이론적인 결론을 믿기 어려울 수도 있다. 왜냐하면 일찍이 우리는 행복이나 만족은 돈이나 성공, 지위 같은 외부조건에서 온다고 배웠기 때문이다. 줄리오Julio는 성공한 사업가로 27세의 나이에 그가 원하는 모든 것을 이뤘다. 그는 다국적 전략 기업의 책임자로 사람들과 좋은 관계를 유지했고, 뉴욕으로 옮겨 가 새 사무실을 오픈하고 MBA도 마칠 계획이었다.

"어렸을 적 나에게는 성공한 삶의 모습이 있었어요. 두 개의 휴대전화를 가지고 종일 일하면서 여행하는 것이었죠. 저는 지금 그것들을 다 이뤘습니다. 그런데 어느 날 잠에서 깼을 때 저는 슬프고 마음이 공허함을 느꼈어요. 불완전한 기분이었죠. 내가 이룬 모든 것이 아무 의미 없었으니까요. 그 무엇도 내가 원하는 평온과 고요는 줄 수 없었죠."[19)]

줄리오는 그가 놓친 것이 무엇인지 찾기 시작했다. 그는 인생의 속도를 조금 늦추고 명상수업도 참여했다. 자신에게 좀 더 많은 시간을 할애하고 자연에서 시간을 보내기도 했다. "마침내 내가 원하던 평온과 고요는 이미 내 안에 있다는 걸 알았습니다. 나는 그냥 잠시 멈춰서 들여다보기만 하면 됐어요. 그리고 내 안의 변화가 외면의 나도 변화시킨다는 걸 알았죠. 나는 직장에서 스트레스를 덜 받고 사람들을 좀 더 친절하게 대했으며 더 침착해졌어요. 그러자 주위 사람들은 나를 더 좋은 동료, 상사, 직원이라고 생각했어요."라고 줄리오는 얘기했다.

줄리오는 그가 좇던 외부의 행복은 바로 그것의 불충분한 본성으로 인해서 덧없음을 깨달았다. 그 예로 그가 직업적 목표를 이루자 그것으로 인한 행복감이 금방 사라진 것처럼 말이다. 오직 그가 스스로 만든 내적 만족만이 행복을 가져오고 지속시킬 수 있었다. 자연에서 시간 보내기나 명상처럼 그의 우뇌를 자극시키는 활동이 그로 하여금 좀 더 나은 사람이 될 수 있게 인생의 관점을 재정비하도록 도와준 것이다. 줄리오는 자신에게 예스를 구한 일이 남들에게서 예스를 얻어내기 쉽다는 것을 깨달았다.

오래 전 에이브러햄 링컨Abraham Lincoln은 심사숙고한 끝에 한 가지 결론을 내렸다. "인간은 자신이 마음먹은 만큼 행복하다." 사실 행복과 만족을 바라는 인간의 절실한 욕구는 본성이기도 하다. 아이였을 때는 본능적으로 알지만 어른이 되고 나서는 일상의 걱정들로 우리의 중요한 본성을 감추려 하고 그 대신 배우자나 직장 상사나 동료, 친구들처럼 다른 이들이 자신의 희망사항을 들어주기를 바란다. 종종 우리는 대립이나 어려운 협상을 확실하게 끝내기도 하는데, 대부분 자신이 원하는 것을 상대가 포기했을 때 상대편이 우리를 만족시켰다고 믿기 때문이다.

하지만 진실은, 우리가 상상하는 것보다 훨씬 더 우리 스스로에게 자신의 만족을 위한 욕구를 보살필 능력이 있다는 것이다. 이것은 우리가 태어나면서부터 획득한 권리이자 항상 존재했던 능력이고, 우리는 이 능력을 간단히 개척만 하면 된다. 줄리오가 했던 대로 말이다. 각자의 방식으로 자신을 행복하게 해주는 간단한 것부터 알아가면 된다. 인생이 무척이나 힘들게 생각돼도 자신이 가장 원하는 것을 줄 수 있다. 결국 인생은 우리 편이기 때문이다.

길버트 박사의 연구가 보여주듯, 만약 우리에게 본인의 행복을 만들 수 있는 능력이 있다면, 우리가 가장 원하는 것, 즉 행복은 전혀 모자라지 않고 오히려 충분하며 심지어는 넘쳐흐를지도 모른다. 그러니 이건 본인에게 달려 있다. 흘러넘치는 물줄기의 꼭대기에서 어찌 목마름을 느낄 수 있겠는가?

다른 사람들이 예스를 얻도록 도와주면서 나는 통상적인 가정을 하나 만들었는데, '만일 내가 사람들 간 협상에서 서로 훌륭한 합의로 외적인 만족을 얻도록 도울 수 있다면, 그들이 찾는 내적 만족도 제공할 수 있을 것'이라는 것이었다. 단지 다른 사람이 자신이 원하는 것에 동의만 해줘도 행복하고 만족스러운 것이다. 사람들은 타인이 거절을 표하거나 그들만의 입장에서 흥정을 고집하면 자연히 실망하기 마련이다. 나는 오랫동안 계속되는 낙담과 분노, 슬픔, 해로운 다툼을 보아오면서 다른 더 나은 방법은 없는지 궁금했다.

해를 거듭하며 나는 본래의 작업 전제가 틀렸다는 것을 깨달았다. **멋진 합의로 얻은 외적인 만족은 단지 일시적으로 내적 만족을 가져다줄 뿐이다. 꾸준히 지속되는 만족은 안으로부터 시작된다. 내적 만족감이 외적 만족으로 향하고, 그 만족감이 다시**

내부로 흘러들어가는, 내부로부터 시작된 선순환이 된다.

협상과 인간관계에 돌아가는 잠재적인 이득은 엄청나다. 역설적으로 우리의 행복을 남에게 덜 의지할수록 타인과의 관계가 좀 더 성숙하고 만족스러운 관계로 발전된다. 좀 덜 보챌수록 다툼은 줄어들고 어려운 상황에서도 상대방으로부터 좀 더 쉽게 예스를 구할 수 있다.

나의 경험으로 비추어볼 때, 내적 만족을 자신의 능력으로 만들 수 있다고 믿는 이들은, 부족하다는 마음가짐에 덜 사로잡히고 파이를 더 크게 만들려는 내부 능력을 사용할 줄 안다. 내가 간과한 한 가지 포인트는, 자신의 협상에서 파이를 키우고 싶다면 그것이 배우자이건 직장 동료건 자녀나 직장 상사라 하더라도 자신 내부에서 파이를 크게 만들 수 있는 방법을 찾는 것으로부터 시작하라는 것이다.

인생의 가르침에 감사하기

나의 장인 커트Curt – 우리는 그를 오파Opa라고 불렀는데 – 는 암과 싸우며 임종의 순간에 가족들과 함께 있었다. 그는 절대적인 공포와 깊은 평화의 순간을 오가고 있었다. 그는 어린 시절 제2

차 세계대전에 참여해 함부르크에서 폭탄을 처음으로 목격했기 때문에 아인슈타인의 질문에 확실히 부정적으로 대답했다. 오파가 생각한 세상은 결핍과 위험이 가득한 매우 불친절한 곳이었다. 16세 손자 크리스Chris에게 쓴 편지에서 나타나듯, 그의 삶에 대한 원칙은 "아무도 믿지 마라."였다.

그가 숨을 거두기 몇 주 전 어느 날, 오파는 그의 생각에 큰 변화가 생긴 일을 경험했다고 얘기했다. 그가 말하기를, "모든 것이 우리에게 적대적이라고 믿었다. 그러나 지금 나는 그 모든 것이 우리에게 호의적이라는 것을 안다." 일찍이 그는 인생이 자신의 지원군이고 힘든 순간을 통해 그를 가르치고 성장하게 도와준다는 사실을 몰랐다. 그러나 임종의 순간 그는 아인슈타인의 질문에 긍정적인 대답에 도달했다. 그의 인생에 대한 기본전제를 재설정한 것이 그를 편안히 만들었고 두려움과 불신을 떨쳐버리게 한 것이다. 연명치료를 거부하는 대신 그는 남겨진 시간을 감사히 받아들였다. 감정적인 고통은 줄어들었고, 사랑하는 가족들 곁에서 그는 임종을 맞이했다.

나는 행복해야 인생에 대한 감사함을 느낄 수 있다고 생각했었지만, 그 반대의 경우도 진리라는 것을 깨달았다. 인생에 감사하므로 행복한 것이다. 감사하려고 애쓰는 것보다 행복으로 가는 더 나은 수단은 없다. 감사함에 대해 최초로 과학적으로 조사한

로버트 A. 에먼스Robert A. Emmons 박사의 보고서다.

> "우리는 사람들이 규칙적으로 감사함을 연습할 때 심리적으로나 육체적으로 또 사회적으로 다양한 혜택을 경험한다는 과학적 증거를 발견했다. 몇몇의 경우, 감사함이 인생의 변화를 이끈다는 보고가 있기도 하다. 그리고 중요한 점은 일상적으로 감사하다고 말하는 사람들과 어울려 있는 가족 구성원, 친구, 연인이나 그 외 사람들은 좀 더 행복하고 좀 더 유쾌하다는 것이다. 나는 감사함이 인생을 바꿀 수 있는 몇 가지 자세 중의 하나라고 결론 내리게 되었다."[20]

삶에 대한 감사함은 고통스러운 것을 부정하는 것이 아니라 더 큰 그림을 이해할 수 있는 것이다. 내가 이 책의 작업을 시작할 즈음, 딸 개비가 갑자기 복부의 심한 통증으로 병원에 실려 갔다. 그녀는 메스꺼움과 복부팽창으로 몹시 힘들어하고 있었다. 개비나 아내 그리고 나, 우리 모두는 공포와 좌절, 슬픔에 빠져 있었다. 최악의 상태에는 우리가 소중한 개비를 잃을지 모른다는 두려움에 휩싸였다. 4일간 점점 나빠지는 상태와 끝없는 통증 끝에 담당의사는 어떤 병명인지도 모른 채 한밤중에 갑자기 장폐색 응급수술을 하기로 결정했다. 수술은 제때에 이뤄졌고 내장은 터지기 일보직전이었다. 며칠이 지나자 개비는 서서히 회복하기 시작했고 우리는 크게 안도했다. 어려운 시간 동안 특히 아내는 어떤 불행이 그녀에게 닥쳐도 이겨낼 수 있는 자신의 능력에 대한 자신감을 샘솟게 해줄 수용력과 회복력의 강렬한 교훈을 배웠다. 그녀는 삶의 불공평함에 대해 비탄에 빠져 있을 수도 있었고, 감사함을 훈련할 수도 있었다. 그 감사함이란 개비의 생명과 회복 그리고 그것에 동반한 가르침이다. 아내는 감사함을 택했다.

인생에 대해 감사함을 느낀다는 것은, 비엔나 철학자 루트비히 폰 비트겐슈타인Ludwig von Wittgenstein이 명명한 대로 '절대적 안전'[21]을 경험할 수 있는 가능성을 열어두는 것이다. 이는 비트겐슈타인이 제1차 세계대전 동안 수백, 수천 명의 죽음을 목격한 치열한 전투를 치른 그의 개인적인 경험에서 우러나온 이야기다. 그가 의미하는 절대적 안전이란 '나는 안전하다. 어떤 일이 일어나도 나를 해칠 수는 없다'라는 마음의 상태를 말한다. 그가 관찰한 절대적 안전은 감사하다는 지각에서 우러나오는 것으로 세상의 존재 그 자체에 놀라워하는 것이다.

당연히 우리의 몸은 병들고 허약해지겠지만 마음은 절대적 안전이다. 위험의 순간에도 세상을 본래 우호적으로 본다면 우리는 자신의 깊은 욕구 – 안전하다고 느끼는 욕구 – 를 충족시키는 데 도움이 될 것이다.

비우호적으로부터 우호적으로

《죽음의 수용소에서》를 통해 빅터 프랭클 박사는 나치의 집단 수용소에서 모진 병마와 싸운 그의 환자였던 젊은 아가씨의 얘기를 들려준다.[22)]

> 그 젊은 처자는 자신이 며칠 후 죽을 것을 알고 있었다. 그녀는 이 사실을 알고 있음에도 내가 말을 걸 때면 활기에 차 있었다. "저는 제 운명이 모질게 저를 한 방 먹인 걸 기쁘게 생각해요." 그러고는 "저는 전생에 엉망으로 살았고 영적인 임무를 충실히 다하지 못했어요."라고 말했다. 수용소 천막의 창문을 가리키며 "여기 있는 이 나무가 제가 외로울 때 유일한 친구예요." 창문 너머로 밤나무 가지 하나가 보였고 가지에는 두 개의 꽃망울이 있었다. "저는 종종 이 나무에게 말을 걸어요." 그녀가 내게 말해줬다.
>
> 당황스러워서 난 그녀의 말을 어떻게 이해해야 할지 잘 몰랐다. 그녀가 헛소리를 하는 건가? 그녀에게 환각 증상이 있나? 걱정

스러운 마음으로 나는 그녀에게 나무가 대답을 하는지 물었다. 그녀는 "네."라고 대답했다. 그래서 나는 나무가 그녀에게 뭐라고 말하는지 물었다. 그러자 그녀가 답했다. "그 나무가 저에게 말해요. 난 여기 있어. 난 여기 있어. 난 살아 있다고! 영원히 말이야."

그녀는 엄청난 고통의 순간에 가족과 친구로부터 격리된 채로 쓸쓸하게 죽음을 맞이하고 있었지만, 프랭클 박사는 놀랍게도 그녀는 모진 운명이 가져다준 인생의 교훈을 활기차게 또 감사한 마음으로 받아들였다고 묘사했다. 한 나뭇가지에 두 개의 꽃망울뿐인 나무에게 친구가 되어줌으로써 그녀는 곧 다가올 죽음을 인생과 연결시키는 방법을 안 것이다. 뿐만 아니라 스스로 행복할 줄도, 자신에게 얼마 안 남은 시간을 즐길 줄도 알았다. 이런 처절한 조건에서도 그녀는 아인슈타인의 질문에 긍정적으로 대답했을 것이며, 세상을 '나무'라는 모습으로 친구 삼았다.

만일 우리가 이름도 모르는 이 젊은 아가씨의 경험에서 교훈을 얻는다면, 그것은 우리가 인생과 연결되어 있다는 것을 명심하고 작은 것이라도 행복을 찾으며, 인생의 교훈에 감사하는 그림을 재설정할 수 있는 경이로운 능력을 가졌다는 사실을 기억하는 것일 것이다. **인생이 때로 몹시 힘겨워질 수 있지만 그 역경을 자신에게 유리하게 볼 것인가 아닌가는 본인이 결정할 일이다. 이런 고난을 통해서나 심지어 가장 힘든 어려움에서도 배우는 것을 선택할 수 있는 것이다.**

프랭클 박사가 독일어 제목으로는《인생의 모든 것에 예스라고 말하기...trotzdem Ja zum Leben sagen》였던 그의 책에서 유창하고 호소력 짙게 썼듯이, 인간에게는 인생을 대하는 자세를 선택하는 능력이 있다. 그래서 이것이 타인을 대하는 태도에 직접적으로 영향을 미치기도 한다. 삶에 "노"라고 말하는 대신에 인생을 우호적으로 보며 인생에 "예스"라고 얘기하는 것이다. 마치 인생을 친구로 여기듯이 말이다. 이 근본적인 선택을 함으로써 우리는 인생이나 인간관계, 협상 등을 더 나은 쪽으로 만들어갈 수 있다.

4 단 계

'존[zone]'에 머무르라

_거부하기에서 인정하기로

"시대를 사는 것보다 현재를 사는 사람이 행복하다."

_루트비히 폰 비트겐슈타인

내면의 예스 방법

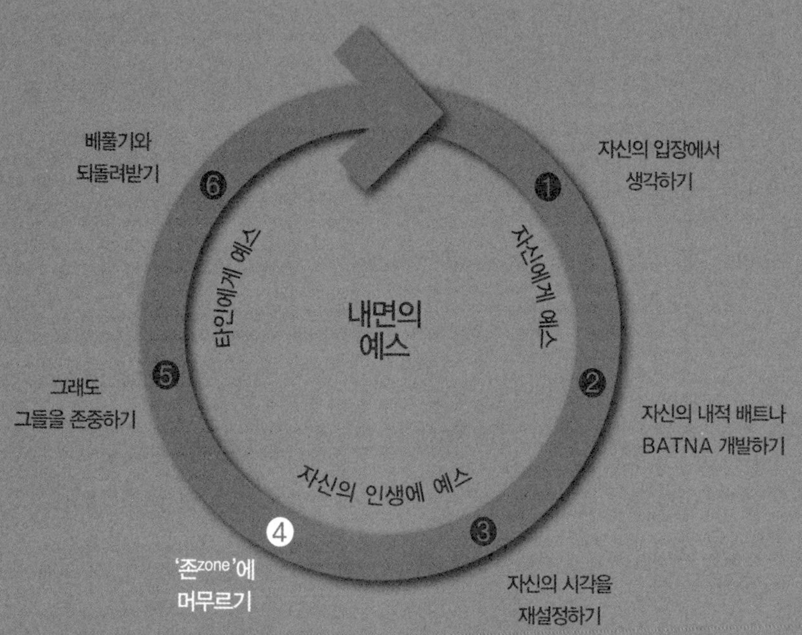

내면의 예스
자신에게 예스
자신의 인생에 예스
타인에게 예스
1 자신의 입장에서 생각하기
2 자신의 내적 배트나 BATNA 개발하기
3 자신의 시각을 재설정하기
4 '존zone'에 머무르기
5 그래도 그들을 존중하기
6 베풀기와 되돌려받기

부담감이 시작되었다. 유엔과 카터재단의 초청으로 나는 베네수엘라를 괴롭히는 급박한 정치 위기상황에 대해 제3자의 입장에서 관여하고 있었다. 수도인 카라카스에는 몇 백만 명의 시민들이 거리로 쏟아져 나와 대통령 우고 차베스Hugo Chavez의 하야를 외치고 있었다. 또 다른 몇 백만 명의 시민은 그를 지지하고 있었다. 시민들은 스스로 무장했고 곧 공습이 있을 것이라는 소문이 돌고 있어 세계 각국들은 내전 발발의 가능성을 우려했다.

지미 카터Jimmy Carter 전 미 대통령은 나에게 연락해 차베스 대통령을 만나 상황이 악화되는 것을 피할 수 있는지에 대해 논의하기를 요청했다. 회담이 마련되었고, 나는 이번 만남이 베네수엘라 대통령에게 영향을 미칠 수 있는 단 한 번의 기회라 생각했다. 해줄 수 있는 가장 유용한 조언을 준비했다. 그러나 나는 나 자신에게 반문했다. "왜 베네수엘라의 대통령이 나 같은 양키 교수에게서 조언을 들으려 할까?"

습관처럼 명쾌한 답을 찾기 위해 공원으로 산보를 나갔다. 대통령과는 불과 단 몇 분의 시간만이 주어질 것이고, 그러므로 나는 간략한 몇 가지의 추천사항을 머릿속에 정리하고 있었다. 그러나 산책 중에 내게 떠오른 생각은, 내가 계획하려던 바와 정반대로 하는 것, 즉 '요청이 없으면 조언을 하지 말자'였다. 그냥 듣고만 있고 현재 시점에 집중하며 기회를 탐색하는 것이다. 물론 회담이 너무 빨리 끝날 수도 있다는 우려가 있었지만, 그에게 영향을 끼치려는 나의 조언으로 단 한 번뿐인 기회를 잃을 수도 있었기 때문이다. 그래서 해보기로 했다.

회담 당일에는 긴장이 증폭되고 대통령궁 밖의 시위는 격렬해지고 있었다. 동료인 프란시스코 디에즈Francisco Diez와 내가 도착하고 잠시 기다린 후 차베스 대통령과 만날 크고 화려한 장식의 접견실로 안내되었다. 그는 그가 앉은 옆 소파에 앉으라고 권했다. 나는 그에게 회담 개최의 감사함을 표하고 카터 전 대통령의 안부를 전하며 내 딸과 동갑인 그의 네 살배기 딸아이에 대해 물었다. 대화가 술술 풀리도록 내버려뒀다.

금세 차베스는 맘 편히 본인의 얘기를 시작했다. 그는 군대에서 대령을 지냈으나 그의 부대가 카르카스에서 일어난 식료품비에 대한 폭동을 진압하면서 민간인 사살을 명령했다는 이유로 강제 퇴임을 당했다. 그 결과로 쿠데타를 일으켰다가 감옥살이를 했고 출소해서는 대통령 선거에 출마했다. 차베스는, 1800년대 초반 라틴아메리카를 통치한 스페인 출신의 독립운동지도자 시몬 볼리바르Simon Bolivar를 향한 열렬한 찬양을 얘기하기도 했다. 나는 잘 경청해보고 그가 어떤 처지에 놓여 있는지 이해해보려 노력했다.

이야기가 끝나자 나에게 물었다. "좋아요, 유리 교수님. 이곳 베네수엘라의 대립을 어떻게 생각하나요?"

"친애하는 대통령님, 저는 제3자의 자격으로 많은 내전을 연구해왔습니다. 일단 피비린내 나는 싸움이 시작되면 멈추기 힘들죠. 제 생각엔 전쟁이 일어나기 전 지금이 전쟁을 예방할 수 있는 적기입니다."

그가 어째서 그러하냐고 물었다.

"반대 진영과 대화를 시도해보십시오."

"그들과 협상하라고?" 그는 화를 내며 즉각적으로 반응했다. "그들은 일 년도 안 되어 반역을 일으켜서 바로 이 방에서 날 죽이려 했던 반역자들이야!"

나는 잠시 숨을 고르며 마음속 발코니로 갔다. 그와 논쟁하는 것보다 그의 생각의 흐름을 쫓아가기로 했다.

"그러네요. 당신이 그들을 더 이상 믿을 수 없는데 그들과 대화하는 게 무슨 소용이 있을까요?"

"바로 그거요." 그가 답했다.

내가 현재 시점에 온힘을 쏟으며 기회를 찾으니 질문 하나가 떠올랐다.

"당신이 겪은 일로 봤을 때 충분히 그들을 믿지 못하는 건 이해가 갑니다만, 한 가지 묻겠습니다. 만약에 내일 아침 그들이 변화하겠다는 신뢰할 만한 징후를 보낸다면 당신은 어떻게 하시겠습니까?"

"징후? 징후라……." 그는 갑작스러운 질문에 심사숙고하듯 잠시 뜸들였다. 나는 "네."라고 답했다.

"글쎄요. 그들이 날 텔레비전 방송에서 원숭이라고 부르길 멈춘다면야." 그는 쓴웃음을 지었다. "그리고 군복을 입은 장군을 내세워 정부 타도를 외치는 걸 그만둬야 해요. 그건 반역이에요!"

잠시 후 대통령은 내무장관에게 나와 프란시스코와 협업해 반대 정당과 신뢰를 형성하고 위기를 완화시킬 수 있는 가능한 방안들을 마련하라 지시했다. 그는 우리에게 상황이 어떻게 진행되었는지 바로 다음날 돌아와 보고해달라고 요청했다. 중대한 정치 위기를 해소하기 위한 발전적인 진행의 발단이 예상치 못한 기회를 맞은 것이다.

나와 프란시스코가 차베스 대통령에게 작별을 고할 때 시계를 힐끗 보았다. 두 시간이라는 시간이 나도 모르게 흘러갔다. 만일 내가 첫 번째 생각에 따라 회담에서 나의 제안들을 쭉 열거했다면 대통령은 몇 분 안에 회담을 종결했을 거라고 나는 확신한다. 그를 만나러 오는 사람들은 나 말고도 많았다. 내가 의도적으로 조언을 하기로 한 마음을 거두고 대신에 그냥 현재에 머무르며 가능성이 있는 기회에 주의를 기울이자 회담은 무척 생산적으로 진행되었다.

민감한 상황에서 예스를 구하려 한다면 관건은 현재에서 기회를 찾는 것이다. 차베스 대통령에게 했던 것처럼 대화를 예스로 향하게끔 인도하는 것이다. 대부분의 경우, 우리가 더 주의 깊게 현재를 본다면 기회는 있다. 그러나 간과하기도 무척 쉽다. 많은 협상의 순간에 한 쪽 편에서 개방하려는 신호를 보내거나 심지어 양보 의사를 보여도 다른 쪽에서 알아차리지 못하는 경우가 있다. 부부 싸움이나 회사에서 예산의 의견 차이라도 우리는 무척이나 심란해져서 지난 일을 회상하거나 미래를 걱정한다. 그러나 현재의 순간에서만이 대화의 방향을 합의로 바꿀 수 있다.

나는 현재에서 기회를 찾는 이러한 교훈을 오래 전 나의 멘토이자 동료였던 로저 피셔에게서 배웠다. 다른 대학교수들은 독특했던 대립의 역사를 이해하거나 미래를 예측하는 데 중점을 두는 반면, 로저는 발전적인 행동을 위한 현재의 기회에 초점을 맞췄다. 그는 항상 "오늘 이 싸움에서 해결점을 찾기 위해 누가, 무엇을 할 수 있나?"라는 질문을 하기를 좋아했다. **로저는 과거와 미래가 흥미롭고 정보를 주지만, 싸움을 변화시킬 수 있는 힘은 현재에 놓여 있다는 것을 알고 있었다.** 예스를 향해 다가가기 위해 늘 가능한 기회를 탐구하는 그의 관심이 나에게는 눈이 번쩍 뜨이는 교훈이었다.

하지만 내가 그때 충분히 이해하지 못했던 것은 타인과의 교류에서 지금의 기회에 집중할 수 있도록 하는 전前 단계였다. 우리에게 현재에 기회가 있다면 당연히 내적 관심은 현재의 순간이어야 한다. 최고의 능력 발휘는 안정된 마음 상태에서 나오므로 지금 이 순간에 집중해야 한다는 것이다. 조사research 심리학자 미하이 칙센트미하이Mihaly Csikszentmihalyi는 그의 유명한 책[23]에서 '몰입Flow'을 성과 달성의 심리적인 상태와 내적 만족이라고 표현했다. 운동선수들은 때때로 이런 상태를 '존Zone(몰입의 무아지경)'이라고 부른다. 예를 들어, 테니스 선수가 마지막 점수나 혹은 다음 점수에만 몰두해 있으면 경기를 잘할 수 없다. 충분히 현재에 있어야만 – 존 안에 있는 것 – 자신을 그 순간에 맡기고 최대한 능력을 발휘할 수 있는 것이다. 전 육상 선수인 마크 리처드슨Mark Richardson은 달리기 선수로서 그 존 안에 있었을 때의 경험을 얘기했다.

"그건 굉장히 이상한 기분이에요. 마치 시간이 천천히 흘러서 모든 걸 아주 선명히 볼 수 있는 것처럼 말이죠. 나의 테크닉의 모든 부분이 아주 정확하다는 걸 알 수 있죠. 전혀 힘들지 않고 내가 트랙 위에 떠 있는 것 같아요. 모든 근육이나 조직, 힘줄이 완벽히 조화롭게 움직이고 환상적으로 잘 달릴 수 있죠."[24)]

테니스 선수나 육상 선수 그리고 또 다른 운동선수들에게 '존zone'에 머무르는 것이 값진 만큼, 우리에게도 다른 이로부터 예스를 구하는 것이 중요하다. 그들이 배우자이건 파트너이건 회사 동료나 거래처 직원이라도 말이다. 차베스 대통령과의 면담에서 내가 알아낸 것은, 현재 상황에 집중하는 것이 우리로 하여금 좀 덜 즉각적으로 반응하게 하고 기회를 찾게 만들고 좀 더 쉽게 양방간의 만족스러운 합의점에 이르는 자연스러운 창조성에 접근하도록 한다는 것이다. 성과의 긍정적인 효과와 더불어 '존(몰입의 무아지경)'은 자신의 가장 큰 내적 만족과 즐거움을 체험할 수 있는 곳이기도 하다.

그러나 현재의 순간에 집중하기는 쉽지 않다. 가장 큰 걸림돌은 아마도 내부 저항이나 삶에 대한 '노'라는 태도일 텐데, 과거를 후회하거나 미래를 걱정하고 현재 상황을 거부하는 일이다. '존'에 머무를 수 있는 열쇠는, 이런 내적 저항을 떨치고 과거를 받아들이고 미래를 신뢰하며 현재를 있는 그대로 감싸 안는 것이다. 그 열쇠란 다른 표현을 빌리자면 '인생에서 예스'를 얻어내는 것이다.

떨쳐내는 법을 배우다

각박한 삶에 여유를 갖기란 생각보다 어렵다. 나는 청년기 때 산을 올랐던 경험들을 상기하곤 한다. 친구 더스티Dusty와 함께 산 정상에 오르고 난 후에는 라펠이나 로프를 이용해 절벽을 타고 내려갔다. 라펠을 할 때는 바위 턱에 안 걸리게 뒷걸음질한 다음 절벽면을 걸어 내려가는데, 때로 1,000피트가 넘는 높이의 급경사면에서 몸을 지탱하기도 한다. 처음에는 라펠로 하강하는 것이 두렵고 용기가 안 났지만, 내 몸의 본능이 나에게 놓치지 말고 절벽으로 내려가도록 말했다. 하지만 만약 내가 로프를 쥔 손을 서서히 풀지 않았다면 공중에 매달려 산에서 내려오지 못했을 것이다. 상황을 지배하고 싶은 욕망 – 그리고 그렇지 못했을 때 어떤 일들이 벌어질까에 대한 두려움 – 이 내가 원하는 것을 얻거나 진행하고 있는 길 한가운데에 떡 버티고 서 있었다.

때때로 우리는 인생의 통제력을 잃고 싶어 하지 않는다 – 내가 처음으로 라펠을 배울 때 로프를 놓고 싶지 않았을 때처럼 말이다. 미래를 끊임없이 걱정하는 것이 우리를 위험으로부터 보호해줄 거라 믿고 싶을지도 모른다. 과거를 회상하는 것을 즐기고 자신이 잘나 보이고 맞다고 생각되면, 남을 원망하거나 화가 치밀 때 더 생기가 돈다. 본인의 계획이나 기대에 어긋나면 현재의 상황을 통제하거나 심지어는 시비를 건다. 조지 버나드 쇼 George Bernard Shaw가 한 말을 빌려보자.

"인간은 종종 자신이 가진 부담감보다 더 많은 부담감을 가진다."

이런 이유들로 인해서 떨쳐내기의 저항을 이겨내는 것은 느린 과정이 된다. 나는 몇 초 동안 로프 쥐기를 느슨하게 하는 것으로 시작했는데, 내가 안전하다고 느끼면 좀 더 로프를 풀고 잠시 그대로 있기를 반복하다 나중에는 절벽을 뒷걸음으로 내려올 수 있을 정도로 완전히 편안해졌다. 내가 로프를 풀면 경치를 즐기는 것 외에는 할 것이 없다. 우리에게는 떨쳐내기와 '존'에서 머무르기 같은 과제를 치르기 위한 인내심과 집념의 조합이 필요하다. 나중에는 순간의 생각이 필요 없을 정도로 쉬워진다.

과거 내 기억 중에 더스티와 내가, 얼굴을 때리듯 퍼붓는 폭우와 멀리서 들려오는 천둥, 그리고 간간이 보이는 번개를 뚫고 높은 알파인 봉우리에서 라펠로 내려와야 했던 때가 있었다. 우리는 작은 바위 턱을 발견해 의지했고 로프를 매달 수 있는 것이라고는 절벽에 붙어 있는 작고 가느다란 소나무밖에 없는 듯 보였다. 재빨리 로프를 나무에 감고 당겨서 테스트를 해본 후 내려갔다.

내가 절벽의 가장자리로 몸을 낮추기 시작해 로프에다 내 체중을 힘껏 맡겼을 때, 소나무가 떨리더니 – 마치 슬로모션처럼 – 뿌리째 뽑혔다. 나는 마침 바위 턱 가장자리를 잡아서 무사했다. 나와 더스티는 서로를 바라보며 일어날 뻔했을 일로 놀라서 말문이 막혔다. 우리는 멈춰서 주위를 부지런히 살펴보았다. 그리고 마침내 좀 더 안전한 지지대로 보이는 큰 바위를 발견했다. 이때는 안전하게 라펠로 산을 내려올 수 있었다. 두말할 필요도 없이 더스티와 나는, 로프를 놓아버리기 전에 우리 자신을 튼튼한 무엇인가에 지지해두는 것의 중요성을 배웠다.

나는 위의 경험이 '인생을 단단히 붙들고 있기'를 놓아줄 진실을 품고 있다는 것을 알게 됐다. **마음이 편안해질 수 있고 인생이 자연스럽게 흘러가도록 하는 능력은, 자신이 호의적인 세상에 얼마나 튼튼한 닻을 내리고 있느냐에 달려 있다.** 우리가 인생의 설계를 재설정할 수 있고, 안으로부터 행복을 찾을 수 있다면 우리는 과거의 분노나 미래의 걱정을 더 기꺼이 떨쳐버릴 수 있을 것이다. 재설정하는 것이 우리로 하여금 여유를 가지게 해서, 인생을 있는 그대로 받아들이도록 하는 것이다.

과거를 받아들이기

"크레이그Craig가 나한테 한 일을 생각하면 너무 화가 나요." 경영 분쟁에 나를 불러들인 한 의뢰인이 솔직하게 말했다. "그래서 그를 공격하는 게 즐거워요. 이 분쟁이 정리되면 사적인 전쟁 없는 인생은 어떻게 될까요?" 그는 과거에 굉장히 집착했고 복수의 희열로 자신의 협상과 인생의 진정한 목적에는 눈이 멀어 있었다.

가족 간의 다툼이나 노동파업 또는 내전에서 중재자 역할을 해온 나는 과거의 짙은 그림자가 어떻게 씁쓸함과 분노, 증오를 일으키는지 봐왔다. 며칠에 걸쳐 원망과 비난을 들었고 자신에게 일어난 일을 되갚아주려 했다. 또 인간의 마음이 얼마나 쉽게 과거에 빠져, 현재의 고통과 갈등을 끝낼 기회를 놓치는지도 지켜봤다.

과거를 붙잡고 있는 것은 서로의 만족스러운 합의를 방해하는 자기 파괴일 뿐만 아니라, 자신의 기쁨이나 심지어는 건강에도 해를 끼친다. 그리고 주변에 있는 인생의 가장 큰 지지자들에게도 영향을 준다. 과거에 사로잡혀 현재에 해를 입히는 것은 즐거움과 행복을 빼앗기는 것이다. 모두에게 손해다. 과거에 빠져 있는 것이 얼마나 큰 대가를 치르게 하고 얼마나 자기 파괴적인지 안다면, 떨쳐버리는 데 그리 많은 시간이 걸리진 않을 것이다.

위의 분쟁 사례에서, 의뢰인은 과거에 빠져 있으려던 유혹을 뿌리치자 상대방과의 차이점을 인정하게 됐다. 그러고는 자신은 이전과 다른 사람이 되었고 마음이 한결 가벼워짐을 느꼈다고 말했다. 심지어는 아이들까지도 분쟁으로 인해 아빠가 얼마나 지쳤는지 알아차릴 정도였다. 분쟁이 끝났을 때는 아빠에게서 놀랄 만한 변화가 일어났다는 것을 알았다. 아이들은 "아빠가 항상 전화에 붙들려 있는 건 아니에요."라고 얘기했다.

과거를 떨쳐버리는 것이야말로 진정으로 자유로워지는 길이다. 전 미국 대통령 빌 클린턴Bill Clinton은 유엔 연설에서 넬슨 만델라Nelson Mandela에게 했던 질문을 회상했다. "진실을 말해주세요. 당신이 감옥에서 풀려난 후 길을 걸어 내려올 때 그들을 증오하지 않았나요?"[25] "그랬죠. 이제는 진실을 말할 수 있을 만큼 나이도 먹었어요. 증오와 두려움을 느꼈지만 나 자신에게 말했습니다. '그들을 미워해서 그 증오라는 차에 탄다면 여전히 그들의 감옥에 갇혀 있는 것이다.'라고 말이죠. 나는 자유롭고 싶었고 그래서 떨쳐버렸습니다." 만델라는 대답했다.

여기에 27년 동안 감옥에 갇혀서 괴로워하고 화를 낼 만한 한 사람이 있다. 자신의 동포들에게 예상하지 못한 위대한 선물을 준 그는 과거의 무거운 짐을 버리고 예스를 이끌어내서 모든 이에게 자유로운 남아프리카공화국을 세울 수 있도록 도와주었다. 자신의 전 교도관들을 용서하고 받아들임으로써 만델라는 수천 명의 사람들이 용서를 실천하도록 영감을 주었다. 그 중 한 사람이 로빈섬에 있던 젊은 죄수인 부숨지 맥콩고Vusumzi Mcongo였다. 그는 학생 보이콧 활동을 주도한 이유로 감금되어 엄청난 고문을 당했다.

"우리는 상처받은 채로 살 수 없습니다. 때가 되면 자신에게 일어난 일들과 허비해버린 시간들을 받아들여야 해요. 과거에 산다는 것은 오직 자신을 괴롭게 만들 뿐이죠."

우리가 잘못한 사람을 용서한다는 것이 그들이 한 잘못을 눈감아주거나 잊는다는 의미는 아니다. 일어난 일에 대해 받아들이고 그 중압감으로부터 자신을 해방시키는 것을 뜻한다. 결국 용서의 첫 수혜자는 자기 자신이다. 분노와 화는 자신을 파괴하고 아마도 그 어느 누구보다 자신에게 더 큰 상처를 입힌다. 오래된 화를 품고 있는 것은 기차로 여행하는 동안 온갖 짐들을 몸에 지니고 다니는 것이나 다름없다. 불필요하게 스스로를 피곤하게 만들 뿐이다.

남을 용서하는 것만큼 중요한 것이 자기 자신을 용서하는 것이다. 인생의 어느 순간에 우리 모두는 남들과 했던 약속을 못 지켰을 때나 그들에게 상처를 주었을 때, 후회나 죄책감, 창피함, 자기혐오 또는 자책감이 드는 것은 당연하다. 이런 느낌들이 자연스레 곪아 현재에 우리의 주의를 흩트린다. 이것이 시인 마야 안젤루Maya Angelou가 말한 자신을 용서하는 것이 매우 중요한 이유다.

> "살면서 실수를 하게 됩니다. 피해갈 수 없죠. 그러나 당신이 실수를 한 후 그 실수를 보며 당신 스스로를 용서해야 합니다. 만일 그 실수에 매달린다면 거울에 비친 자신의 아름다움을 볼 수 없습니다. 왜냐하면 당신과 거울 사이에 실수가 자리잡고 있으니까요."[27)]

과거를 인정하는 것은 비단 타인이나 자신에게 향했던 비난을 거두는 것뿐만 아니라 인생이 자신에게 준 경험들을 받아들인다는 의미다. 아무리 힘들지라도 말이다. 만일 분노나 화를 떨쳐내지 못한다면 과거의 포로가 되는 것이다. 과거를 받아들이면 자기 인생 이야기의 틀을 다시 짤 수 있고, 인생의 가장 힘든 일에도 희망적인 의미를 부여할 수 있다. 과거를 바꿀 수는 없지만 스스로 정한 의미는 달라질 수 있다.

그 전에는 삶의 이야기를 재설정하는 효력에 대해 믿지 않았지만, 개비가 겪었던 치료의 역경을 이겨낸 경험을 통해 믿게 되었다. 개비가 태어나고 얼마 동안은 아내는 빠져나올 수 없는 어두운 터널에 있는 것 같다고 얘기했다. 그러나 시간이 흐르고 그녀와 나는 경험의 다른 그림 그리기를 배웠다. 그것은 거듭 반복해서 치료하는 개비를 지켜보며 고통스럽고 힘겨웠던 만큼, 아내와 나는 인간으로서 성숙하게 단련되었고 우리의 내적 자원들을 이끌어냈다. 우리는 개비의 여정이 우리에게 가져다준 값진 교훈을 – 이 책 안에 쓰인 교훈들 – 감사해한다.

나는 개인적으로 나의 생각과 느낌을 관찰할 수 있는 능력을 연마하려 했었다. 나의 처지에서 생각해보고 삶을 동반자이자 친구로서 바라보려고 노력했다. 되돌아보면 아내와 나는 역설적이게도 현재의 순간에 기쁨을 맛보게 하는 인생의 잠재된 능력을 우리에게 깨우쳐준 '축복받은 충격'의 경험 전부에 감사하게 되었다. 우리가 이 길을 자발적으로 선택하지는 않았지만 나는 의심의 여지없이 결과적으로 우리가 배운 모든 것들로 인해 지금이 더 행복하고 더 만족스럽다. 사실 이런 경험이 없었다면 이 책을 쓰면서도 믿지 못했을 것이다.

미래를 신뢰하라

'배트나BATNA – 협상 합의안이 아닌 최상의 대안Best Alternative To a Negotiated Agreement – 를 발전시킬 수 있는 중요성'에 대해 한 그룹의 경영자들에게 강연을 했을 때, 한 남자가 내게 와 말을 걸었다.

"네, 맞아요. 하지만 저는 저의 와트나WATNA – 협상 합의안이 아닌 최악의 대안Worst Alternative To a Negotiated Agreement – 에 대해서도 생각해보고 싶습니다."

"왜 그런 거죠?" 나는 호기심에 차서 물어보았다.

"왜냐하면 저는 만일 협상에서 잘못됐을 경우 무슨 일이 벌어질지에 대해 걱정을 많이 하거든요." 그는 대답하기를 "최악의 상황이 일어났을 때 나에게 이렇게 말하는 거죠. '그들이 날 죽이지 않는다면 아마 살아남을 수 있을지 몰라'라고요. 그러고는 웃어넘기죠."라고 했다.

남자의 말 속에는 많은 진실이 담겨 있었다. 우리는 협상이나 인생에서 많은 걱정을 하는데, 대부분은 나쁜 일이 일어날 것이라는 염려다. 미래에 주목하는 것이 유용할 수 있지만 계속되는 걱정은 현재의 순간을 앗아가서 최선을 발휘하지 못하게 하기도 한다.

나는 위험한 싸움에서 나의 직업이 주는 두려움과 꽤 친하다. 나 자신이나 다른 이들이 두려움으로 머뭇거리는 것을 자주 지켜봐왔다. 그러나 우리가 가진 대부분의 두려움은 근거가 없다는 것을 나는 알았다. 4세기 전 프랑스의 철학자 미셸 드 몽테뉴Michel de Montaigne는 서술했다. "내 인생은 일어나지도 않은 무시무시한 불행들로 가득찼다." 결국 두려움은 상상했던 그 위험보다 더 많은 손실을 주었다. 그러면서 몽테뉴는 "두려워하는 이는 고통 받는다."라고 결론지었다.[28)]

두려움의 대안은 믿음이다. 신뢰함으로써 역경과 힘든 경험이 사라질 것이라는 의미가 아니다. 대신 앞에 놓인 역경을 잘 헤쳐나갈 수 있는 자신감을 뜻하는 것이다. 그런 신뢰가 앞에서 언급한 차베스 대통령과 효율적인 면담을 이끌었다. 내가 실패의 두려움에 귀 기울였다면 협상의 진정한 기회를 준 회담을 자연스럽게 이끌어가지 못했을 것이다.

신뢰란 단 한 번의 태도 변화라기보다는 하루 동안 접하게 되는 수많은 의식적인 선택이다. 거래처 사람과 직장 상사, 배우자나 파트너 등 타인과 발생하는 모든 인간적인 교류에서 두려움과 신뢰를 선택할 수 있다. 멍청하거나 바보처럼 안 보이려면 '노'라는 목소리를 따라야 되나? 아니면 기회를 잡고 직관이 시키는 대로 '예스'에 귀 기울여야 하나?

윈스턴 처칠Winston Churchill이 이런 말을 한 적이 있다. "비관주의자는 모든 기회에서 난관을 보지만, 낙관주의자는 모든 난관에서 기회를 본다." 그가 계속 이어가기를 "나는 낙관주의자다. 다른 건 별로 쓸모가 없어 보인다."고 했다. 그가 전쟁의 공포로부터 배운 것처럼, 미래를 신뢰한다는 것이 인생의 문제를 무시한다는 의미가 아니다. 그와는 반대로 신뢰란 우리에게 닥친 문제를 적극적으로 해결하겠다는 행동의지다. 이런 행동의지를 가져보고 인생이 가져다주는 그 무엇이라도 해결할 수 있다는 믿음이, 끊임없이 앞날을 걱정하는 것보다 정말로 더 나은지 살펴보는 것이 어떨까?

몇몇의 실제적인 방법들이 미래의 불안을 떨쳐낼 수 있는 데 도움을 준다. 두려움이 나타날 때는 가만히 지켜보다가 의식적으로 풀어주면서, 마치 개가 호수에서 빠져나올 때 물을 털듯이 두려움을 떨쳐내면 된다. 크게 한두 번 심호흡을 해서 머리에 산소를 공급해주면 좀 더 분명하게 판단할 수 있다. 또는 내가 앞서 얘기한 사업가처럼 특정한 미래의 결과로 걱정이 될 때, 스스로에게 단순하지만 확실한 현실을 시험할 수 있는 질문을 해볼 수 있다. "일어날 수 있는 가장 최악의 상황은 무엇인가?" 명백함으로부터 오는 두려움을 마주함으로써 긴장을 해소할 수 있고 '존zone' 안에 머무를 수 있다. 우리의 신체는 싸우거나 도망갈 준비를 할 때 실제의 위협과 상상된 위협을 구분하지 못한다. 그래서 대부분의 경우에 미래에 대한 약간의 전망은 두려움을 없애는 데 도움이 된다.

결과적으로 불필요한 두려움으로부터 자신을 자유롭게 하는 가장 확실한 방법은, 본인의 내적 배트나BATNA를 기억하고 인생에서 자신의 예스를 구하는 것이다. 자신의 요구를 잘 지키겠다는 약속과 미래에 무슨 일이 일어나든지 나중에는 모든 일이 괜찮아진다는, 인생이 내편이라는 자신감이다.

중국의 옛 속담 중에 이러한 말이 있다.

"근심 안에서 새가 머리 위로 날아다니는 것은 어쩔 수 없어도 머리 위에 새집을 짓는 것은 막을 수 있다."

현실을 끌어안아라

과거의 부담감과 미래의 그늘에서 벗어나면 좀 더 자유롭게 살 수 있고 현재에서 행동할 수 있다. **때때로 과거를 돌아보며 교훈을 얻을 수 있고, 미래를 둘러보고 계획을 세워서 필요한 주의사항을 얻을 수 있지만, 우리에게 확실한 변화가 일어나는 유일한 곳은 현재의 순간이다.** 현재에 있다는 것은 협상에서 남들로부터 예스를 가장 쉽게 구할 수 있는 기회를 얻는 것이다.

요즘처럼 휴대전화나 문자 그리고 이메일 세상에서는 현재의 순간을 방해받기 쉽다. 집중이 안 되는 기본적인 우리의 성향이 바로 지금 우리 앞에 펼쳐지고 있는 인생에 저항하고 있다는 의미다. 우리는 인생이 이래야 한다거나 이러지 말아야 한다는 기대치를 이상화하려는 경향이 있는데, 자기 평가는 끊임없이 현실과 그 기대치를 비교한다. 점수를 매기는 것이다. "지금쯤이면 영업이 성사돼야 하는데……", "보스에게 그런 식으로 얘기하는 게 아닌데!", "배우자가 나에게 더 잘해줘야 하는데……" 등등. 기대감를 표시하는 증거가 바로 '해야 되는데'나 '하지 말아야 되는데' 같은 말이다.

삶을 그 자체로 받아들인다는 의미가 스스로를 포기한다는 의미는 아니다. 오히려 발전적인 변화는 얼마나 괴로운가에 상관없이 현실을 받아들이는 것에서 시작한다 – 거부하느라 시간과 에너지를 허비하는 것으로부터가 아니다. 친구 주디스Judith는 아들 벤Ben이 아홉 살 무렵부터 반항기에 접어들어 열세 살 되던 시기에 최고조였는데, 무척이나 어려운 시기를 거쳤다. 벤은 거칠었고, 주디스가 지속적으로 그에게 다가서려는 시도를 거부했다. 주디스는 상처와 분노, 무력감과 결단, 원망과 눈물로 롤러코스터 위에 있는 것 같았다. 그녀는 마치 자신이 분해되어 없어지는 것처럼 느껴졌다.[29)]

"저는 포기하지 않았어요. 내 인생과 내 아들의 인생을 위해 싸우는 기분이었습니다. 남편은 벤이 거처를 옮긴 지하 거실로 오르내리며 뛰어다니고 있었어요. 마치 반군과 약해빠진 정부군 사이에서 메시지를 전달하는 정신 나간 중재자처럼 말이죠." 그녀가 설명했다.

주디스는 벤의 행동에 크게 "노"라고 표현했고, 특히 현재에 보여지는 인생에 "노"라고 말했다. 하지만 아무리 그녀가 싸우고 버텨도 그땐 벤이 그녀를 받아들이는 데 아무런 영향력을 행사할 수 없었다. 인생을 컨트롤하려는 노력을 그만둔다는 것은 쉽지 않다. 특히 위험성이 있을 때는 더욱 그렇다.

떨쳐버리는 두려움 뒤에는, 주위 상황을 컨트롤하지 못하면 모든 것이 무너지고 인생을 망칠 것이라는 잘못된 가정이 있을 수 있다. 자신이 이상화한 인생이 어떤 것이어야만 한다는 모습을 지키려는 것은 우리의 본능이다. 하지만 모순되게도, 지금의 현실을 거부하는 것은 자신에게나 주위 사람들에게 해롭다. 주디스의 사례에서 그녀와 남편과의 관계는 서로 평가하기, 원망, 상처, 무력감 등으로 상당히 불안했다.

그러면 어떻게 떨쳐낼 것인가?

주디스는 아들과의 관계를 컨트롤하고 싶은 욕구를 부추긴, 미래에 대한 가정을 시험해봄으로써 떨쳐내는 것을 배웠다. 하루는 집 뒤에서 산책을 하다가 자신에게 물어보았다. '이곳에서 일어날 수 있는 최악의 상황은 무엇인가? 내 아이가 죽는 것 말고. 상상할 수 있는 가장 최악의 일은, 내 세 아이 중 한 명과 관계를 끊는 것이다.' 그녀는 깨달았다. 협상 용어로 말하자면 그녀는 스스로에게, '만약 그녀가 아들로부터 예스를 구할 수 없다면?'이라는 현실을 시험하는 최고의 대안을 물은 것이다.

갑자기 주디스의 상황은 그리 끔찍해 보이지 않았다. 자신에게 물었다. '내가 이렇게 살아갈 수 있을까? 아들과 사이가 나빠져도 행복할 수 있을까?' 대답은 분명했다 – 그녀는 그렇게 할 수 있었다. "그건 내가 원하던 바가 아니었어요. 하지만 그렇게 살 수는 있었죠. 여전히 인생에서 기쁨과 만족을 찾을 수 있었죠. 내 행복이 아들의 사랑이나 인정에 좌우되는 게 아니었으니까요." 주디스는 분명해졌다. 그 짧은 순간 그녀는 공포의 횡포로부터 자유로워짐을 느꼈다.

> "서서히 떨쳐냈어요. 저는 아들이 날 알아주기를, 날 더 사랑해주기를 아니면 그냥 좋아해주기만이라도 바라는 마음을 떨쳐냈어요. 아들이 전화해주거나 말을 걸어주거나 하는 바람도 포기했죠. 나에게 느끼는 그대로 아빠에게도 느꼈으면 하는 마음도 접었습니다. 그리고 결국 그 아이와의 관계를 포기했습니다. 내가 바라던 인생보다 내게 닥친 인생 그대로를 마주하면서, 엄마

로서 아내로서 내가 생각했던 그 누군가로서 나 자신이 그리던 그림이 벗겨졌죠. 그 자리에 자유가 찾아왔습니다."

주디스는 그녀가 바라던 인생이 반드시 이래야 된다는 기대감이 없어지자 역설적이게도 자연스레 건강한 변화가 펼쳐졌다. 포기하기가 엄마와 아들 사이의 갈등을 변화시키는 예상치 못한 열쇠 역할을 하면서 시간을 거치며 관계는 천천히 치유되고 있었다. 특히 그녀가 자신의 절박함을 떨쳐내고 아들을 있는 그대로 인정할 수 있었기 때문에, 아들이 그녀 곁으로 다가갈 수 있었고 상처 준 것에 미안해했고, 그리고 자신이 얼마나 엄마를 사랑하는지 말했다. 인생을 그 자체로 마주하기를 택하고 자신으로부터 예스를 얻음으로써 아들과 남편에게서도 예스를 구할 수 있었다.

주디스의 이야기가 보여주듯, 처음부터 우리가 상황을 있는 그대로 받아들이지 못한다면 갈등의 상태에서 서로 간에 수용할 만한 해결점에 도달하기가 어렵다. 나는 현재를 인정하는 것이야말로 인생으로부터 선물을 받는다는 의미라는 것을 알게 됐다. 아무리 회피하고 싶은 현재의 순간이라 할지라도 – 마치 주디스가 아들과의 불화를 피하고 싶었던 만큼 – 현실은 현실이다. 또 다른 선물을 얻을 것이라고 상상할 수는 있지만, 현재가 바로 그 선물이다.

따져보면 아마도 내게 가장 큰 스승은 딸 개비다. 15차례의 큰 수술을 치르고도 그녀는 후회하거나 화를 내거나 자신에게 미안해하지 않았다. 그녀는 훌훌 털어냈다. 인생의 묘미를 알았고 매일 즐거움과 신나는 것을 찾았다. 내 마음이 개비의 과거로 심란하거나 앞날을 걱정할 때면, 개비가 철저히 현재에 집중했던 것을 기억하며 떨쳐낸다. 그녀가 평온하고 현재에 머무를 수 있다면 나 역시 그렇게 할 수 있다.

아내와 나는 개비의 여러 번의 수술을 지켜보면서 아픔이 생긴다는 것을 알았다. 이것도 인생의 일부다. 그러나 우리가 인생을 거부하고 그 고통을 외면하면 괴로워하게 된다. 옛 속담이 말해주듯이, 아픔은 어쩔 수 없지만 괴로운 건 '선택'할 수 있다. 언뜻 생각하기에, 우리가 거부하는 이유가 고통 때문인 것 같지만 반대로 거부함으로써 고통 받는 것이다.

우리는 일어나지 않은 일들에 끊임없이 바라고 실망하는 함정에 빠져 있다. 현재의 상황을 외면하는 것은 불행을 더 길어지게 할 뿐이고 때때로 평생일 수도 있다. 쉽지는 않겠지만 우리가 '노'라고 하는 – 거부하는 – 것들을 떨쳐내는 법을 배워서 고통의 한계를 정할 수 있어야 한다. 그리고 '예스'라고 말하면서 인생을 있는 그대로 인정하는 법을 배워야 한다.

내가 알아낸 교훈 중에 단 한 가지만 말하라면, 우리는 인생에서 많은 것을 잃어야 하는 운명이라는 것이다. 이것이 인생의 섭리다. 신경 쓰지 말라. 다만 현재를 잃어버리지 말라. 아무것도 소용없다. 지금 이 순간, 이것, 즉 온전한 현재, 바로 지금보다 더 중요한 것은 없다.

현재의 순간에 머무르기 위해 내가 배워온 열쇠는 지나칠 것들을 인정하는 반면, 남겨질 것들에 초점을 맞추는 것이다. 좋건 힘들건 우리 곁을 지나치는 상황에 예스라고 말하면서 인생에 핵심적인 연결고리를 굳건히 지탱하는 것이다. **지나쳐야 할 것들은 지나치되 유지되어야 할 것들은 보존하라.** 인생 그 자체, 자연, 우주 등 지켜가야 할 것들에 집중함으로써, 우리는 지나쳐가는 것들을 좀 더 잘 알아차리고 소중한 것이나 경험이 지닌 일시적인 습성에 더욱 감사하게 된다. 그래서 이런 경험도 결코 영원하지 않다는 사실을 좀 더 인지하게 되고, 대립의 상황이 되어도 좀 덜 즉각적으로 반응하게 되어 – 결국 어떤 갈등이라도 그 역시 지나가게 되어있다 – 타인으로부터 예스를 구할 현재의 기회를 찾는 것이 더 쉬워진다.

저항에서 인정으로

인생에 예스라고 외치는 첫 번째 단계가 자기가 그린 인생의 그림을 우호적으로 재설정하는 것이라면, 두 번째 단계는 높은 성취도와 만족감이 있는 '존zone'에 머물기이다. 삶을 받아들인다는 의미는 과거에 대해 예스라 하는 것이고, 사로잡혀 있던 분노나 회한을 떨쳐내는 것이다. 또 미래를 보고 예스라 말하는 것이고, 불필요한 걱정을 없애고 두려움을 신뢰로 바꾸는 것이다. 그리고 현재 시점에게 예스라고 외치고 기대감을 없애서, 지금 이 순간 자신이 가진 것에 감사하는 것이다. 물론 쉽지 않다. 과거를 용서할 힘이 필요하고 미래를 믿을 용기가 있어야 하며 인생의 한가운데서 계속되는 문제와 고민에도 현재에 집중할 수 있게 훈련해야 한다. 역경이 아무리 대단해도 자신과의 약속이 주는 보상, 만족스러운 의견일치 그리고 건강한 인간관계가 훨씬 더 대단하다.

삶을 향한 자신의 태도를 살펴보면서 타인을 향한 태도 역시 살펴봐야 할 때다. 인생에 예스라고 말하는 것은 나 자신으로 하여금 다음 단계인 남들에게 예스라고 하기를 준비시키는 것이다.

5 단 계

그래도 존중하라

_ 제외시키기에서 포함시키기로

"그는 날 내쫓으려 테두리를 쳤다 – 이단자, 반역자, 멸시받아 마땅한 것.
그러나 나에게는 사랑과 이겨낼 수 있는 위트가 있었다.
그를 받아들여 테두리를 그렸다."

_ 에드윈 마크햄

내면의 예스 방법

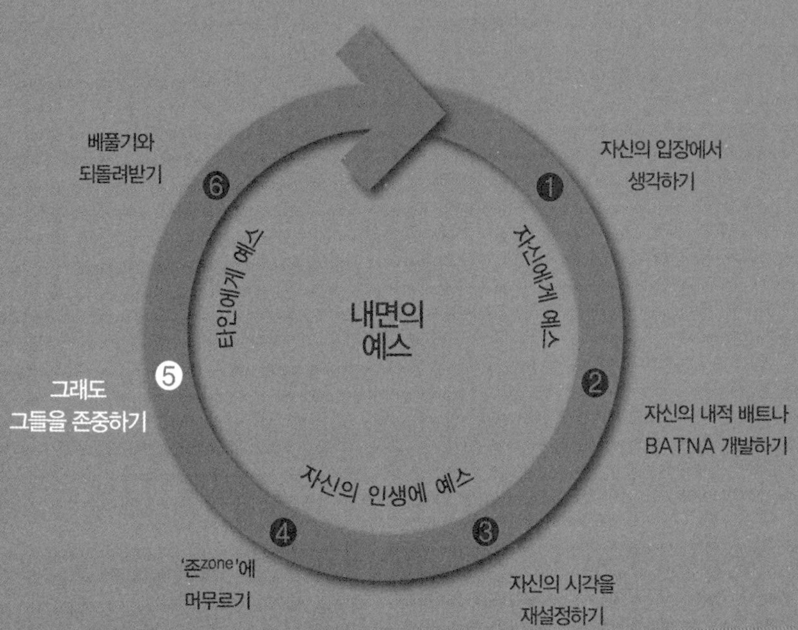

내면의 예스
자신에게 예스
타인에게 예스
자신의 인생에 예스
1 자신의 입장에서 생각하기
2 자신의 내적 배트나 BATNA 개발하기
3 자신의 시각을 재설정하기
4 '존zone'에 머무르기
5 그래도 그들을 존중하기
6 베풀기와 되돌려받기

분위기가 팽팽했다.[30] 노동계약 협상을 시작하기 위해 임원 40명과 노조에서 20명, 60여 명의 사람들이 있었다. 노사관계는 다수의 장기간 파업과 법정 싸움으로 오랫동안 지쳐 있었다. 이번 협상도 별반 다를 것이 없었다. "확실히 하건데 우리가 여기 있는 건 법이 그러니 있는 것뿐이에요." 관리부의 최고 대표가 운을 뗐다. "우리는 당신네들을 믿지 않을 뿐더러 당신네가 지금 하고 있는 걸 싫어합니다." 그의 목소리는 냉정하고 적대적이며 강경했다. 반대편 노조 대표는 화가 치밀어 올랐다.

데니스 윌리엄스Dennis Williams 노조 대표는 역습당하는 기분이었지만 기분을 추스르고 침착하고 공손하게 대답했다. "당신들 얘기를 잘 들었고, 우리가 왜 여기에 왔는지 얘기하도록 하겠습니다. 우리는 당신의 사업을 성공시킬 수만 명의 직원들이 최선을 다해 서로 협력해 같이 일할 수 있는지를 알기 위해 여기 왔습니다."

데니스가 몇 년 후 나에게 한 말이다.

> "지옥불보다 더 뜨거운 것이 올라오는 걸 느꼈지만 내 본능은 참아내라고 시켰습니다. 모두에게 아무런 도움이 안 된다는 걸 알았기 때문이죠. 노조원들은 맞대응하지 않은 저에게 화를 냈지만 나중엔 이런 접근법을 택해야 한다는 걸 이해하게 됐죠. 협상 내내 그때 처음 한 대답과 같은 어조였다고 말씀드릴 수 있죠. 이후 많은 이들이 내가 말했던 것에 감사하다고 얘기해주었습니다. 그 작은 존중이 협상이 흘러가야 하는 과정을 바꾼 것이죠. 이것은 60여 년 세월 동안 큰 싸움 없이 합의에 도달한 단 세 건의 협상 중 하나였습니다."

나는 협상 경험을 통해 가장 값싸게 이권을 취할 수 있고 최소한의 비용으로 최대의 수확을 얻을 수 있는 방법은 존중하는 것이라는 것을 깨달았다. 존중하기란 그저 호의적인 관심을 기울인다는 의미이고 타인을 대할 때도 자신이 대접받기 원하는 만큼 위엄을 갖추어 대하는 것이다. 'Respect'라는 단어는 라틴어

어원에서 왔으며 're'는 '반복하다repeat'의 뜻, 그리고 'spect'는 '광경spectacles'이라는 뜻이다. 이렇게 respect란 '다시 보다'의 의미를 갖는다. 이는 마치 인간에게 호의적인 주의를 기울이듯 타인을 새롭게 바라본다는 것이다. 남들로부터 예스를 구하고자 한다면 기본적인 인격 존중으로부터 시작하는 것보다 더 중요한 방법은 없을 것이다.

하지만 그것이 주는 이로움만큼, 존중하는 것은 때때로 사람들에게 힘든 양보를 의미하기도 한다. 문제투성이인 상황이나 관계에서는 존중하기가 가장 나중에 하고 싶은 일일지 모른다. 대개 우리는 그들은 존중받을 만하지 못하고 그들 스스로 얻어야 한다고 생각한다. 우리를 존중하지 않는데 왜 내가 그들을 존중해야 하지? 노조 대표가 느꼈듯이 자신이 거부당했다는 느낌이 들면 우리는 자연스레 맞거부한다. 제외되었다고 느껴지면 맞대응을 하고 공격을 당하면 맞받아치는 것이다. 고통에서 벗어나기 위해 스스로 고통을 야기하는 꼴이다. 이것은 내가 셀 수 없이 많이 목격해온, 가족으로부터 직장, 이웃 그리고 사회 전반으로 퍼지는 끝이 보이지 않는 상호 파괴적인 사이클이다. 모두가 지는 결과는 뻔하다.

그러나 노조와 임원 간에 있었던 긴장됐던 협상의 이야기가 말해주듯이, 어려운 협상의 흐름과 성과를 바꾸려면 상대방을 향한 태도 – 적대감과 거부에서 존중하기로 – 를 단지 한 명만이라도 바꾸면 된다. 그 사람이 당신 자신이 될 수 있다. **일단 상대방에게 존중을 보이면 상대방도 대개는 우리에게 존경심을 표한다. 존중은 존중을 낳고 포용은 포용을 불러일으키며 수용은 수용을 이끈다.** 노조 대표가 했듯이 파괴적인 사이클을 거꾸로 돌려 건설적인 사이클로 만들 수 있다.

존중하기 위해 타인의 행동에 찬성하거나 그 개인을 좋아할 필요는 없다. 단지 우리는 모든 인간이 가지는 타고난 권리에 대해 경외심을 갖고 대하기 위해 자각된 선택을 하면 된다. 존중은 행동으로 나타나지만 사실 이것은 자신의 내면의 태도에서 시작된다. 존중하기는 '타인에게 예스라고 하기'에 필수적인데, 그들의 요구가 아니라 그들의 기본 인간성에 있다. 이러한 의미로 존중하기는 개별적이다. 우리가 누군가를 존중할 때 우리 안에 있는 바로 그 인간성을 공경하는 것이다. 타인에 대한 존엄을 인지하는 것은 자기 자신의 존엄을 인지하는 것과 같다. 자신을 존중하지 않고서 타인을 진심으로 존중할 수는 없다.

그러면 어떻게 곤란한 상황에서 자신 내부의 태도를 적대감에서 존중으로 바꿀 수 있는가? 이것은 강요되어서는 바뀔 수 없는, 자연스럽게 길러져야 하는 과정이다. 존중의 태도는 자신에게서 예스를 구하는 과정에서부터 유기적으로 발현되며 시작된다. 즉 자신의 입장에서 생각해보기를 통해서 스스로를 존중한다면 타인을 존중하기도 좀 더 쉬울 것이다. 자신의 인생과 행동에 책임지기로 결정했다면 더 이상 남을 원망하지 않을 것이다. 인생에 예스라고 외친다면 자연히 남들을 존중하게 된다.

하지만 여전히 대립의 상황에서는 존중하기가 힘들 수도 있다. 세 가지 특정 행동이 존중하는 태도를 강화시키는 데 도움을 준다. 타인의 입장에서 생각해보기, 존중의 테두리 넓히기, 그리고 앞머리 시에 써 있듯, 설령 처음에 당신을 거부했던 사람이라도 존중하기.

남의 입장에서 생각하기

내가 이 책을 집필하는 동안 며칠간, 시리아와 터키의 접경에 머물며 격렬한 내전의 종식을 가능케 할 시리아 반군 지도자와의 심도 있는 인터뷰를 도운 일이 있었다.[31] 동료와 나는 각각의 지도자들에게 어떻게 그리고 왜 전투에 연루된 것인지를 질문했다. 뉴스를 통해 듣거나 보는 것은 한 가지뿐이었으나 뉴스 속 사람들에게서 직접 듣는 얘기는 너무나도 달랐다. 지도자들은 한때 소아과 의사나 치과 의사, 변호사, 사업가 그리고 학생들이었다. 모든 이가 평화적인 시위로 시작했으나 보안상의 명목으로 끔찍한 고문을 당했다. 그들이 사랑하는 수많은 이들이 죽임을 당했고, 몇몇 사건은 인터뷰 하루 전에 일어나기도 했다. 그들은 우리와 얘기하기 위해 지옥 같았던 경험에서 걸어 나온 것이다. 그러고는 다시 전쟁의 지옥으로 되돌아갔다. 감정은 격앙되었다. 나와 내 동료는 마치 우리가 인터뷰했던 그들이 사는 장소에 있는 듯한 착각이 들 정도로 감동하고 충격받았다. 우리는 예상보다 훨씬 더 많이 타인의 슬픔에 공감하고 있었다.

마지막 인터뷰는 턱수염을 기르고 무슬림 극단 보수주의자인 살라피Salafi를 신임하며 3,000명의 병사를 거느린 20대 후반의 젊은이와였다. 그는 서양에서 생각하는 전형적인 근본주의 테러리스트 타입처럼 보였다. 하지만 우리가 가진 모든 작은 선입견도 그의 이야기를 들으면서 바뀌었다. 우리는 그에게 어떻게 전쟁에 참여하게 됐는지 물었다. "저는 대학교에 다니고 있었어요." 그가 답했다. "무슨 공부를 하고 있었죠?" "시." 시인 집안에서 자란 이 젊은이는 전국대회에서 일등을 하기도 했다. 열일곱 살이 되었을 때 보안 행위가 잔인하다는 시를 썼다가 체포되었다. 세 번이나 감옥행과 고문을 겪었고, 평화시위자였던 그의 친구가 살해 당한 후 그는 내전에 참여했다. 이집트에 있는 한 여인을 사랑했는데, 그는 살아남는다면 그녀를 다시 볼 수 있기를 애

타게 바랐다.

우리는 만약 그의 편이 승리한다면 가장 큰 걱정은 무엇인지 물었다. "종교적 극단주의"라고 말하는 그에게 우리는 놀라지 않을 수 없었다. 이슬람의 샤리아법Islamic Sharia Law은 좋다고 믿지만 아무에게나 적용되어서는 안 된다는 것이다. "저는 누구에게도 총을 겨누고 나의 신념을 강요하지는 않습니다." 인터뷰 말미에 나는 그에게 미국에 전할 메시지가 있는지에 대해 물었다. "네, 있습니다. 멀리서 이 전쟁을 지켜보는 사람들은 우리가 단지 숫자에 불과하다고 생각할 겁니다. 부디 당신이 이 상황에 처해 있고 당신의 자식과 부인이 그 숫자들 중에 하나라고 생각해 주십시오. 각각의 숫자는 생명과 영혼을 가지고 있습니다."

이것은 나에게 선입견을 거두는 지혜를 다시 한 번 확인시켜 주고, 대신에 나 자신이 다른 이의 꿈과 사랑 그리고 슬픔의 입장이 되어보도록 해주었다. 시인 H. W. 롱펠로Longfellow의 말을 빌리자면, "우리가 원수의 비밀스런 역사를 알 수만 있다면 그런 모든 적개심을 무장해제시킬 각자의 슬픔과 고통을 찾아낼 수 있을 텐데……." 말이다.[32] 적개심에서 존중으로 자신의 태도를 바꿀 수 있는 가장 쉬운 방법은 스스로가 타인의 입장이 되어 보는 것이다.

인터뷰한 이들을 배려하기 위해 각자 3시간의 시간을 할애함으로써 지도자들이 충분한 시간을 갖고 자신의 이야기를 할 수 있었고, 또 본인의 이야기가 잘 경청되고 있다고 느끼게 했다. 그런 노력을 잘 알아차리고는 인터뷰를 했던 다수의 사람들은 우리에게 이렇게 얘기해주었다. "당신들이 처음입니다. 해외에서 찾아와 우리 얘기를 들어준 사람들은." 서로를 존중하는 분위기 속에서 우리는 전쟁을 더 잘 이해할 수 있었을 뿐만 아니라, 시리아 분쟁에 대해 시리아 주도적인 해결책을 마련하기 위한 미래의 초석을 다질 수 있었다.

들어주는 가장 좋은 방법은 존중의 태도를 가지는 것인데, 다른 의미로 표현하자면 충분히 호의적인 관심과 주의를 기울이는 것이다. 보편적으로 내가 협상 연구를 통해 관찰해온 바로는, 대부분 자신 안의 평가기준을 정해서 상대가 말한 것을 본인의 관점으로 판단한다는 것이다. 진실한 존중의 태도를 가진다면 상대방이 하는 이야기를 그들의 평가기준과 그들의 관점에서 들어주는 기술을 연습할 수 있다. 단지 단어들을 듣는 것이 아니라 감성이나 말 속에 숨기고 입 밖으로 내지 않은 생각들을 듣는 것이다. **이야기의 내용만이 아니라 내용 뒤에 있는 그 사람에 대해서도 들을 수 있어야 한다.**

협상의 경험을 통해 나 자신을 상대방의 처지로 상상해보는 간단한 행동은, 보기보다 훨씬 더 강력한 도구가 된다는 사실을 알았다. 세상을 각자 개인의 눈으로 보면 어떻게 보일까? 저 사람이 된다면 어떤 기분일까? 만일 그나 그녀의 삶을 산다면 과연 나는 어떻게 행동하고 반응할까? 타인에 대한 내 이해력이 완벽하게 정확하지는 못해도 단순히 평범한 인간애를 나누려는 노력만으로도 나 자신이나 다른 사람들을 어느 정도 정확하게 이해한다는 사실은 꽤 놀랍다. 공감할 수 있는 우리의 능력은 널리 쓰이지 않고 있는 재능이다. 우리가 다른 이를 진심으로 이해한다거나 그들이 원하는 것을 안다면 자연히 그들과 합의에 도달하는 것이 무척 쉬울 것이다.

역설적으로 만약 타인과 그들의 근심에 대해 좀 더 인지하기를 바란다면, 자기 자각을 연마하는 것보다 더 좋은 방법은 없다. 데이비드 데스테노David DeSteno 교수가 이끄는 무리의 심리학자들의 연구 결과에 주목해보자. 그들은 보스턴 지역에서 39명의 사람을 뽑아서 이례적인 실험을 했다. 20명의 사람들에게는 8주 동안 명상수업을 참여하게 하고 그 다음에는 집에서 연습하라고 했고, 나머지 19명의 참가자에게는 대기자 명단에 있다고 말해주었다.

8주 기간의 마지막날 참가자들에게 한 사람씩 실험을 위해 연구실로 오도록 했다. 실험대상자들이 대기실에 들어올 때는 3개의 의자가 있었고, 2개의 의자에는 이미 누군가 앉아 있었다. 참가자가 자리에 앉아 기다리는 동안 목발을 짚고 발에는 부러진 다리를 감싼 부츠를 신은 4번째 사람이 방으로 들어와서는 통증으로 작게 들릴 만한 신음소리를 내며 불편하게 벽에 기대어 서 있었다. 실험을 위해 고용되어 의자에 앉아 있던 두 사람은 자리를 양보하지 않는다. 조사자는 실험참가자가 부상을 당한 사람에게 자리를 내어줄지에 관해 알고 싶었다.

결과는 명상을 연습한 참가자 중 50퍼센트의 사람들이 자리를 양보했고, 명상에 참여하지 않은 16퍼센트 정도의 사람들이 자리를 내주었다. 거의 3배의 차이였다. 데스테노 교수는 이러한 큰 차이점은 주의력을 향상시키는 명상의 증명된 힘이라 가리키며, 이 주의력이란 타인을 보는 능력 또한 모든 것은 서로 연결되어 있다는 시각을 견고히 하는 힘이라고 설명했다. "명상하는 사람의 증대된 연민은 인위적인 사회적 구분 – 민족적 배경, 종교, 이념 그리고 그 외에 우리를 분리시키는 것들 – 을 해소하는 명상의 힘으로부터 나온 것 같다."고 데스테노 교수는 서술하고 있다.[33] 이 모든 것은 기본적인 존중으로 – 또 다른 인간을 볼 수 있는 – 귀결된다. 우리 자신에게 명상을 통해 '두 번째 봄second look'을 줌으로써 타인에게도 또한 '두 번째 봄'을 더 잘 줄 수 있는 것이다.

이 조사가 반영하는 역설은 가히 놀랍다. 명상 연습을 통해 자신의 내면에 주의를 기울임으로써, 사람들은 친절을 베푸는 등의 행동으로 자신의 외면에 더 잘 주의를 기울일 수 있다. 자신의 내면으로 더욱 깊이 들어갈수록 우리는 바깥으로 더 멀리 갈 수 있다.

존중의 테두리를 넓혀라

래리Larry는 멕시코 여성과 결혼해 그녀의 가족 중 처음으로 히스패닉계가 아닌 일원이 되었다.[34] 그는 처갓집 사람들로부터 무언의 긴장감을 느꼈고, 특히 그의 처남 호세Jose의 태도는 더욱 그랬다. 10여 년이 지난 후, 호세는 래리에게 한 잔 하자며 불러냈다. 약간의 수다 후에 호세는 깊은 숨을 내쉬며 단도직입적으로 얘기했다.

"처남이 사과를 했어요." 래리는 회상했다. "그가 말하기를, 자기 집안에 백인이 들어오는 걸 원치 않았다고 했죠. 여동생이 저와 결혼하는 걸 막으려 사주도 했고요. 그러나 그는 그런 세월이 맘 편치 않았다고 했어요. 결국에 그는 그것을 바로잡을 때라고 결정한 겁니다." 호세는 래리에 대한 태도를 거부에서 존중으로 바꿨다. 마침내 호세는 래리를 가족의 일원으로 받아들이고 그 과정을 통해서 무언의 대립이 아닌 오랜 세월 동안 느껴왔던 것들을 해결했다.

우리 모두는 인생의 어느 순간에 거절당하거나 제외된 기분이 든다. 어릴 때라면 무시당한 아픔을 느끼거나 부모로부터 방치되거나 혹은 친구들로부터 놀림 받거나 괴롭힘 당할 때, 아니면 체육시간에 경기에 맨 마지막으로 뽑히는 정도일 것이다. 어른이 되면 무언가에서 배제되면 화를 낸다. 예를 들어 중요한 미팅에서 상사가 열외시키거나 퇴근 후 동료들 간의 회식에 초대받지 못하거나 또는 소속된 – 독서모임, 자원봉사, 학교 동창회 등 – 구성원들로부터 본인의 의사나 요구조건이 무시되는 일 등이다. 좀 더 심각하게는 기회를 박탈당하거나 권리나 자격을 빼앗기고 타인으로부터 멸시받거나 심지어 더 넓게는 사회적으로 피부색이나 생김새, 성별이나 성적 취향, 국적이나 민족성 또는 종교 등 많은 이유들로 인해 차별 받기도 한다. 배척당했다고 느껴지고 자신의 관심사나 의견 그리고 기본적인 인간성이 무시되면 깊은 상처를 받게 된다.

이러한 제외되었다는 괴로운 느낌들이 내가 직장에서 목격한 갈등의 대부분을 차지하는 핵심이다. 이스라엘과 팔레스타인, 아일랜드계 신교도와 가톨릭교회, 세르비아인들과 크로아티아 사람들 – 세대를 거쳐, 심지어는 수세기 간 서로에게 차별당하고 조롱당했다는 이야기들을 나는 오랫동안 들어왔다. 이런 감정들이 대립에 기름을 붓고 폭력적인 행동으로 촉발된다. 비즈니스에서 나는 인간관계가 깨지고 핵심인사의 중요한 사업 미팅에 제외되어 무시당했다고 생각되어 갈등이 생기는 장면을 많이 봐왔다. 물론 가족 다툼도 역시 다른 가족 구성원보다 부당하게 대우받았다고 느껴질 때 생긴다. 아버지는 왜 맏형이나 큰누나보다 막내에게 집안 사업을 경영하도록 정했을까?

내가 알고 있는 거부나 배척의 유일한 치료제는 '인식'과 '수용'이라는 연고다. 다른 말로 하자면 '포용'이다. 가족 다툼이든 종족 간 대립이든 아니면 직장에서의 갈등이든 이를 해결할 방법은 자신의 태도를 변화시켜, 처음에는 포함시키고 싶지 않았거나 생각지 않았던 이들을 둘러싸기 위해 존중의 테두리를 의도적으로 확장시키는 것이다.

이 장章을 집필하는 동안, 나는 과거에 수많은 노사갈등을 겪었던 배리-웨밀러Barry- Wehmiller라는 회사의 한 공장을 방문할 기회가 있었다. 새로운 사람들이 회사 소유권을 인수해 새로운 경영자 밑에서 일하게 된 노동자들이 최근 어떤 기분으로 일하는지 인터뷰하기 위해 방문한 것이었다. 거대한 기계들이 시끄럽게 돌아가고 있었다. 한 노동자가 인터뷰를 위해 잠시 기계를 멈추고서 고글과 귀마개를 벗었다. 나는 그에게 경영자가 바뀌고 난 후 어떠한 차이가 있는지를 물었다. "그럼요." 그가 대답했다. "차이점은 그들이 우리 얘기를 들어준다는 거예요." 그것이 변화의 핵심이었다. 예전 경영자들은 고용인들을 마치 돈 주면 움직이는 자동 인형로봇처럼 대우했고 중요한 의사결정에는 제외시켰다. 그러나 새로운 경영진은 노동자들을 존엄성과 능력을 가진 인간으로 인식하려는, 진실되고 한결같은 노력을 했고 공장을 발전시킬 그들의 의견이나 제안을 기꺼이 받아들였다. 각각의 노동자는 존중되고 모두 중요한 사람으로 대우받았다.

경영진의 새로운 태도는 말뿐이 아니라 그들의 행동으로 나타났다. 현장에 있던 많은 노동자들은 2008년 중반에 발생했던 금융위기 사태로 회사뿐만 아니라 경쟁사까지도 비용절감을 위해 인원을 정리해고했던 일들을 떠올렸다. 노동자들은 예전에도 사장이 여러 번 직원을 해고했던 것처럼, 이번에도 해고당할 것이라 예상하고 있었다. 그러나 이번에는 놀랍게도 로버트 채프먼Robert Chapman 사장이 모든 이에게 6주의 무급휴가를 제안해 아무도 해고당하지 않도록 했던 것이다. 이것이야말로 포용의 원칙과 전 직원과 그 가족이 중요하다는 인식을 보여준 예이다. 금융위기 사태 전과 후에 이와 비슷한 공장들은 글로벌 경쟁사의 압박에 못 이겨 문을 닫거나 노동자와 경영진 사이에 충돌이 일어나곤 했다. 그러나 이 기업의 노동자와 경영진은 좋은 성과를

낸 사업 재개의 공(功)을, 모두가 최선을 다하도록 영향을 준 존중하는 새로운 태도 덕분으로 돌렸다.

에이브러햄 링컨보다 더 존중의 테두리를 넓히려는 능력을 개발했던 지도자도 드물다. 위대한 마음을 가진 링컨은, 처참했고 동족상잔이라는 가장 암울했던 시기인 남북전쟁 동안 미합중국을 이끈 비운의 책임감을 짊어졌다. 전쟁이 종식되어 갈 즈음 링컨은 대중들에게 나라의 상처들을 봉합해야 하고 패배한 남부를 관대함으로 보살피겠다고 얘기했다.

백악관에서의 한 예로, 링컨이 남부의 곤경을 안타깝게 얘기하자 북부군 지지자였던 한 부인이 그를 질책하며 "대통령님! 어찌 당신은 무례하게도 우리가 그들을 무찌를 생각을 해야 할 때 그들에게 호의적인 말씀을 하시나요?"라고 말했다.[35] 링컨이 잠시 멈추고 그 화난 북부군 지지자를 부르며 물었다. "귀부인, 내가 적을 친구로 만들었다면, 그 적을 무찌르지 말아야 하지 않을까요?"

링컨에게 배우는 교훈은 자신의 주위를 둘러보고 인생에서 '무찌를 수 있는' 어떠한 '적'을 '친구'로 바꿀 수 있는지 스스로에게 물어보는 것이다.

거절당해도 존중하라

만약 테이블 건너편에 있는 사람이 당신을 거절한다면 협상 상황은 어떻게 되겠는가? 우리는 거부당했다고 느껴지면 – 해고당하거나 공격당하거나, 본인의 요구사항이나 관심이 무시당했을 때 – 본능적으로 자신을 보호하려고 한다. 즉 뒤로 물러서거나 맞거절하는 것이다. 오직 인간만이 공격을 받으면 주위에 방어벽을 친다. 그러나 더한 거부나 경멸감으로 역습당하면 부정적인 사이클은 계속되고 화합은 불가능하게 된다.

저명한 중재자로 알려진 내 친구 랜드럼 볼링Landrum Bolling이 회상하기를 1930년대에 테네시에 살던 학생이었던 그는, 백발의 유명한 시인이었던 에드윈 마크햄Edwin Markham이 이 장章의 앞머리에 실린 시를 낭독하는 것을 들었다. 시인은 과장되게 손가락으로 허공에다 자신을 제외한 원을 그리고, 똑같이 과장된 몸짓으로 나머지 사람들을 포함시키는 훨씬 큰 원을 그렸다. 이것은 다른 이들에게 배척당한 이들을 위한 완전히 정반대의 행위였다. 심리적인 주짓수Jujitsu(브라질 무술의 이름으로, 상대방의 공격이나 힘에 맞서 곧바로 자신의 힘을 겨루지 않고, 기술을 이용해 한 걸음 옆으로 피하고 상대의 힘을 자신의 목적에 유리하게 사용하는 방법)의 형태인 것이다. 거절한 사람 앞에서 처음에 하려 했던 행동에 반대 되게 해보라. 그들을 거부하는 대신 존중으로 놀래켜보라. 상호 거부의 사이클에서 서로 존중하는 사이클로 변화시켜 관계를 주도해보라. 이것이 이 장(章)의 앞에 등장했던 노조 대표가 했던 일이다.

인질 협상만큼 어려운 협상도 없다. 나는 경찰에게 인질 협상 훈련을 시키던 중 교훈을 얻은 적이 있었는데, 이들은 대도시에서 일어나는 인질이 잡힌 상황이나 은행 강도, 정신이 이상한 사람들을 일상적으로 접해야 하는 전문가들이었다. 미국 경찰특공대 SWAT경찰팀이 인질이 잡혀 있는 장소를 에워싸고 있었다. 모든 무기는 무장된 채 발사할 준비가 되어 있었다. 한 세대 전만 하더라도 정해진 다음 단계는 확성기로 외치는 것이다. "너희에게는 3분의 시간을 줄 테니 항복하고 나와라." 주어진 시간이 지나면 SWAT경찰팀은 최루탄과 총을 들고 진입한다. 항상 그렇지는 않지만 대체로 누가 다치거나 죽는다-인질이든 인질범이든 경찰이든, 아니면 그 셋 다 그렇게 될 수도 있다.

오늘날에는 주요 도시의 경찰력은 인질 사건이 발생하면 아주 다르게 접근한다. 지금 인질 사건이 터지면 인질 전문 협상팀이 꾸려지고 SWAT경찰팀과 함께 사건을 처리한다. 그들의 첫 번째 룰은? 예의를 갖추라. 인질범의 이야기를 경청하라. 그들의 시각에 관심을 보이고 인정하라. 매번 그렇듯이 인질범이 언어적인 공격을 한다 해도 즉각적으로 반응하지 마라. 침착하고 공손하게 참을성을 갖고 그리고 집요하게 대처하라. 다른 뜻으로는 공격하고 거부하고 있는 바로 그 사람을 존중하고 수용하라는 의미이다. 따돌림이 포용을 만나는 것이다.

이러한 극단적인 인질극의 대부분은 인질범을 기본적인 인간 존중의 맥락에서 대하는 전략이라 할 수 있다. 이것으로 인질범이 체면을 세울 수 있도록 해준다. 오랜 시간이 걸리는 과정일 수 있으나 결국에 인질범은 항복하고 인질을 해치지 않고 풀어준다. 예스를 이끌어낸 것이다.

인질 협상이 시사하는 바처럼 거부하고 공격하는 사람을 받아들이는 것이 부정이나 해악을 무시하라는 의미가 아니다. 그보다 우리가 그들의 잘못된 행동 앞에서도 그들의 인간성에 대해서는 존중한다는 의미이다. **나를 거부하는 사람을 인정하는 것이 그의 요구조건에 예스라고 말하라는 의미는 결코 아니다. 인질 협상가가 보여주듯이 설령 노를 의미할 때도, 그 사람의 본래 존엄성을 인지하며 호의적인 매너를 보여주라는 의미이다.** 나 자신과 다른 이를 보호하기 위해 확실한 한계점을 표시했다 하더라도, 나를 거절하는 이를 마치 나 자신을 대하듯 인간으로 받아들이면 되는 것이다.

나를 해치려거나 내게 소중한 사람을 공격하려는 사람까지 존중하기란 솔직히 쉽지 않지만 가능은 하다. 미국인 사업가로 영광스럽게도 내가 인터뷰할 수 있는 기회를 가졌던 아짐 카미사Azim Khamisa의 일화가 떠오른다. 그에게는 스무 살이 된 타리크Tariq라는 아들이 있었는데 젊은 갱스터에게 살해당했다. 종일 공부를 하고, 타리크는 밤에 피자 배달을 하고 있었다. 어느 날 저녁 타리크는 아파트 현관 앞에 서 있었고, 토니Tony라는 열네 살 소년은 피자를 받고는 타리크를 총으로 쐈다. 이것은 갱스터들이 시킨 일이었다.

"타리크가 죽었다는 소식을 전화로 들었을 때 너무도 고통을 참기 힘들어서 마치 내 영혼이 몸을 떠나는 것 같았죠."[36] 아짐은 그가 아들의 소식을 들었을 때 어땠는지 설명해주었다. "그건 마치 핵폭탄이 내 심장 안에서 터지는 것 같은……. 몇 주 동안 나는 기도로 버텼고 용서할 수 있는 축복을 받았습니다. 토니와 타리크 둘 다 총 끝에서 모두 희생양이었다는 결론에 다다랐죠."

총 끝에서 양쪽 다 희생자 – 그것은 아짐이 아들의 비극적인 죽음을 대하는 대단하고 동정심 가득한 통찰력이었다. 기도를 통해서 그의 정신이 혼미해지도록 위협했던 나쁜 감정과 가슴 아픈 생각들을 떨쳐내기 시작했다. 그는 상황을 재정비하여 새로운 관점으로 토니를 보게 되었다. 그 자신의 아들을 죽인 살인범의 처지가 되어봄으로써 잊을 수는 없었지만 용서할 수는 있었다.

아짐은 토니의 할아버지이자 보호자인 플레스 펠릭스Ples Felix를 찾아가 설득했다. 이런 아짐의 행동에 크게 감동받은 플레스는 아짐이 제안한 용서를 받아들였다. "저는 토니에게 자기가 한 행동에 책임을 지고 카미사 가족이 겪는 고통과 피해를 최소화할 수 있도록 다그쳤죠." 플레스가 얘기했다. "그러자 그 아이가 무너져 울기 시작했어요. '할아버지 죄송해요.' 토니가 흐느꼈죠. 전 그 아이를 안아주며 위로했습니다. 다음날 모든 사람들이 토니가 무죄를 주장할 것이라고 예상했지만, 토니는 후회로 가득 찬 목소리로 '자신은 유죄이며 카미사 씨의 용서를 구한다.'고 말을 했죠."

아짐의 용서하겠다는 용기 있는 선택으로 어린 가해자 토니는 그의 행동에 책임을 지게 됐고, 토니가 죄의 고통에 무감각해지지 않고 느끼고 후회할 수 있는 가능성을 열어주었다. 아짐의 치유 과정은 토니와 플레스를 포용함으로써 더욱 성숙해졌다. 아짐과 플레스는 학교에서 학생들에게 서로 폭력을 멈출 것을 장려하는 강의를 함께 하기 시작했다. 그들은 학교에서 비폭력 운동을 추진하는 협회를 만들었다. 아짐은 백악관을 포함한 전국 각지에서 연설했다. 살인 사건 후 5년이 지나서 아짐은 복역 중인 토니를 찾아가 출소 후 협회에서 일하기를 제안했다. 토니는 할아버지 플레스에게 말했다. "그는 정말 특별한 사람이에요. 내가 그의 하나밖에 없는 아들을 죽였는데 그는 내 옆에 앉아 나를 격려하고 나에게 일자리를 주었죠."

아짐의 경이로운 이야기는, 어떻게 자신의 태도를 거부에서 존중으로 바꿀 수 있는지에 대한 실마리를 제공한다. 심지어 아들의 살인자라는 극단적인 범죄에 마주했을 때에도 아짐은 복수의 길을 선택한 것이 아니라 토니를 인간으로서 존중한 것이다. 범죄를 묵인하지 않았지만 그는 토니를 용서하고 그와 그의 할아버지와 함께 자신의 아들의 목숨을 앗아간 청소년 범죄를 멈추려 노력했다. 아짐은 인생의 새로운 미션을 찾았고 깊은 성취감도 느꼈다. 내가 그를 만났을 때 그는 열정으로 생기 있고 행복한 사람이었다. 서두의 시처럼 아짐은 큰 원을 그려서 그들 모두를 포용한 것이다.

만일 거절당해도 존중하기라는 이런 전략이 인질 협상이나 아짐의 비극처럼 극단적인 상황에도 적용되는 것이라면 평범한 일상의 상황을 생각해보는 것은 무척 쉬워진다. 다음 번에 상사나 배우자나 동료가 당신이 거절당했다는 느낌이 들도록 말하거나 행동한다면, 그리고 당연히 충동적으로 반응하고 싶어진다면, 발코니로 가서 감정과 생각을 관찰해보라. **자신의 입장에서 생각해보고 본인의 내적 배트나BATNA와 – 협상 합의안이 아닌 최상의 대안 – 자신의 마음 속 깊은 요구사항을 돌보겠다던 약속을 기억하라. 만일 자기 자신을 행복하게 만들 충분한 자신감이 있다면 다른 이의 불쾌한 행동에도 덜 반응하게 될 것이다.** 자기 자신을 존중한다면 타인을 존중하기 쉽고, 처음에 당신을 거부하던 사람들을 받아들이는 것 역시 쉬워진다. 물론 쉽게 되지는 않지만 훈련과 용기로 당신은 상호 거부의 사이클을 서로 존중하는 사이클로 바꿀 수 있다.

따돌림에서 포용으로

'아브라함의 길The Abraham Path'은 기독교와 이슬람교, 유대교를 아우르는 인류의 반 이상의 선조로 추앙받아온 아브라함의 고대 발자취를 되짚어보는, 중동에 위치한 문화적 관광 행로다. 아브라함의 길의 재건을 돕는 일은 나의 가장 큰 열망 중 하나였다. 여정을 시작하며 23명의 동승자와 함께 버스로 5개국을 넘나들며 여행을 했다. 4,000년 전 아브라함이 여행을 시작한 메소포타미아 북단 하란에서 그가 묻혀 있는 웨스트 뱅크의 심장부 헤브

론까지였다. 나와 동료들은 하버드대학교에서, 세계 각지에서 일어나는 문화와 종교 간 충돌에 대한 깊은 이해를 돕고자 이런 고대 발자취의 재건 가능성에 대해 몇 년 동안 연구해오고 있었다. 위태로운 분쟁으로 이 지역을 통과하는 것이 불가능하다는 비판을 뒤로하고 우리는 이것이 가능하다는 것을 보여주기로 결심했다.

아브라함과 관련 있는 이곳저곳을 방문해보고 아주 긴 도보의 경로로서 이 고대의 발자취를 복구시키는 가능성에 대해 지역 사람들, 종교 관계자, 정치가들에게 의견도 구했다. 12일 동안 버스여행을 마치고 요르단강을 건너서 팔레스타인 웨스트 뱅크에 있는 베들레헴에 도착했다. 마침 전 팔레스타인 대통령 야세르 아라파트Yasser Arafat의 서거 2주기를 기념하고 있어서 분위기는 긴장감이 돌았다. 시위가 예상됐고－뭐 그 외에 무엇을 알 수 있겠는가!

우리 일행은 예수가 태어난 장소의 꼭대기에 위치한 고대 교회를 방문했고 거리를 가로질러 평화센터에 있는 구유광장에 도착했다. 거기서 우리는 커다란 테이블에 둘러앉아 비영리단체의 팔레스타인 대표자들, 종교협회, 아브라함의 길을 대표하는 정부 관료 등 40여 명과 회담을 갖고 그들의 의견을 들었다. 관광부 장관과 헤브론의 주지사, 팔레스타인 대법관 그리고 아브라함의 무덤이 있는 이브라히미 사원의 교주도 참석했다.

동료 엘리어스Elias가 회담의 개요에 대한 설명을 시작했고 곧 이어 내가 이 프로젝트를 소개했다. 다음으로 팔레스타인 협력자들에게 질문과 제안을 유도하며 각자 말할 수 있는 기회를 주었고 말미에 대답을 들을 수 있도록 했다. 긍정적인 의견을 내놓는 이가 있는 반면, 조심스럽고 비판적으로 말하는 이도 있었고, 여전히 일부는 의심스러운 눈초리로 적의를 드러내고 심지어는 난폭하게 구는 이도 있었다.

"이 아이디어는 확실치 않고 애매합니다." 한 리더가 주장했다. "왜 하버드 글로벌 협상 프로젝트가 이런 계획을 생각해낸 겁니까? 그 배후가 누구지요? 해외 정보부나 정부와 연관 있나요?" 그가 정보부에 관한 질문을 꺼내자 광장 바깥쪽에서 총성이 들려왔다. 나는 방을 관통하는 긴장감에 전율을 느꼈다.

또 다른 지도자가 얘기하기를, "내가 팔레스타인 거리의 심장 박동에 대답하라고 발포자에게 시켰소. 우리는 경험상 음모를 두려워하오. 누가 가담하고 있소? 이스라엘 놈들이 무슨 역할을 하고 있지?" 그러자 다른 이는 "팔레스타인 구성원은 몇이나 될 거 같소? 당신네들은 팔레스타인을 위한 확실한 정치적 입장을 취해야 되오. 우리에겐 평화와 생사가 걸린 문제입니다." 각각의 발언자가 전자보다 더 격렬한 발언을 쏟아내자 회의실 안의 긴장감은 점점 더 고조되었다. 마침내 2시간 동안 쓴소리를 뱉은 참석자들은 모두 우리에게 눈을 돌렸고, 엘리어스는 나에게 대답해줄 것을 요청했다.

나는 뭐라고 말해야 할지 몰랐다. 질문 공세를 받으면서 나는 나 자신에게 물어보았다. '아브라함의 길은 단지 허황된 꿈이었나! 순진한 외부인이 품은, 다른 유수의 훌륭한 프로젝트처럼 실패할 운명인가?' 소중히 간직했던 내 꿈이 냉혹한 현실에 부딪혀 산산이 부서지는 것을 느꼈다. 그러나 나는 발코니로 가서 내 생각과 감정을 살펴볼 수 있었고 모든 것이 괜찮을 거라고 스스로를 위로하며 나에게 닥친 역경으로 향했다. 회의적인 질문들이 제기되었고 상황은 경직돼 갔으며 회의 의제가 제명될 위기였다. 어떻게 그들의 불신을 줄여 비판가들의 지지를 얻으면서 여전히 프로젝트를 철저히 비정치적으로 유지할 수 있을까? 내가 그들 각자의 문제점을 사려 깊게 대응한다 하더라도 그들에게는 우리가 방어적으로 보이고, 오히려 그들의 의심만 키운다는 것을 깨달았다. 내가 무어라고 말하든 간에 그들을 만족시키기에는 역부족이었다.

나는 그들의 입장에서 생각해보며 회의적인 지도자들을 새로운 시각으로 보려고 노력했다. 의심과 독설의 저변에서 배척의 아픔을 느낄 수 있었고, 그런 상황에서 그들은 강해질 수밖에 없었다. 내가 알고 있는 그 상처를 위한 유일한 치료제는 포용이었다. 내가 할 수 있는 일을 하기로 마음먹었다. 그들 편이 되는 것이었다.

"당신들의 발언에 감사드립니다. 친구란, 다소 듣기 거북하더라도 진실을 말해주는 사람입니다." 나는 무리의 팔레스타인 지도자들에게 이야기를 시작했다. "저희를 못 믿는 건 이해합니다 – 이는 뼈아픈 경험에서 온 것입니다. 당신들이 이런 질문과 걱정을 하는 건 당연합니다. 중요한 것은 이것입니다. 당신들이 우리를 프로젝트의 대표라고 여기지만 우리는 그렇게 생각하지 않습니다. 맞아요, 우리는 이 경로의 사회적 경제적 잠재성을 연구해왔습니다. 하지만 진정한 리더는 지금 이 지역, 이곳에 살고 있는 사람들, 바로 팔레스타인 여러분이 되어야 합니다. 저희는 가능성에 대해 연구하거나 장애를 이겨내도록 지원을 할 수는 있지만 주도권은 당신들이 쥐고 있습니다. 그리고 서두를 필요도 없어요. 우리는 당신들이 준비가 됐다고 말해줄 때까지 기다릴 수 있습니다. 어떻게 하기를 원하는지만 말해주세요."

그들의 비판을 거부하거나 프로젝트를 밀어붙이기보다는 그들의 걱정을 이해하고 그들이 앞장서도록 했다. 물론 그건 계산된 위험이었다 – 프로젝트가 거기서 끝날 수도 있었기 때문이다 – 그러나 모험을 해볼 만한 위험이라 생각했다.

분위기는 눈에 띄게 달라졌다. 이제 그들이 결정해야 할 차례였다. 자기네들끼리 어떻게 해야 할지를 얘기하기 시작했다. 한 명이 이것은 팔레스타인 사람들에게 좋은 일이라고 외쳤다. 점차적으로 그들은 사안의 주체의식을 갖기 시작했고, 결국 가장 완강했던 비판가도 주도권에 대해 긍정적이라고 표명했다. 관광부 장관과 사원 주교 둘 다는 매우 열성적이었다. 아래층에 마련된 저녁식사를 위해 잠시 휴식했을 때, 모두가 한숨을 돌렸다. 조금 전 대결하던 대화 분위기에서 방향 전환을 한 것이다. 그 순간 우리는 예스를 이끌어냈다.

저녁을 먹으며 한 동료가 나에게 물었다. "마치 40개의 총이 우리를 쏘는 거 같더라고요. 어떻게 그 총알들을 피했죠?" 진실은 '나는 그 어떤 총알도 피하려고 하지 않았다'였다. 단지 존중으로 거절하는 방법과 포용으로 배척하는 법, 다른 말로는 '노'를 '예스'라고 대답하는 법을 찾았을 뿐이다.

그 회담으로 '아브라함의 길'이 탄생됐다. 그 경로 중 가장 위험할 것이라고 예상된 웨스트 뱅크 지역은 해를 거듭하며 대부분의 지역사회가 참여하고 가장 많은 여행자가 걸어간 가장 훌륭한 현지 주도의 장소로 자리잡았다. 여행 개시 이후 아브라함의 길은 중동 지역의 여러 나라를 거치는, 문화적으로 검증된 도보 경로로 세계 각지에서 수천 명의 여행객이 찾았고, 〈내셔널 지오그래픽 트래블러National Geographic Traveller〉 잡지는 세계 최고의 신新 도보 경로로 선정했다.[37] 아직은 초창기이지만 많은 아픔과 좌절이 있는 이곳은 장기간의 약속으로 이해와 번영 그리고 희망을 안겨줄 것이다.

어려운 인간 교류나 관계의 흐름을, 특히 자신이 공격당하고 있다고 느낄 때 적개심이나 거부감을 존중으로 바꾸기는 쉽지 않지만 보상은 엄청나다. 존중하는 것만으로 존중받는다. 받아들이기만 해도 받아들여진다. 포용함으로써 포용된다. 타인의 기본적인 존엄성에 예스라고 한다면 가정이나 직장의 관계에서 예스를 구하는 것이 더욱 쉬워지고, 세상은 좀 더 생산적이고 만족스럽게 될 것이다.

자신에게서 예스를 이끌어내는 마지막 과정이 남아 있다. 바로 서로 만족하는 결과에 도달하는 것을 방해하는 '승자와 패자'라는 마음가짐을 바꾸는 것이다.

6 단계

베풀기와 되돌려받기

_ 윈-루즈에서 윈-윈-윈으로

"굉장한 사람이 된 것처럼 자신이 인정하는 임무에 투입되는 이것이야말로 인생의 진정한 기쁨이다. … 내 인생은 사회 전체에 속해 있다고 생각한다. 내가 살아있는 한 내가 할 수 있는 무엇이라도 사회를 위한 일이라면 명예로울 것이다."

_ 조지 버나드 쇼, 《인간과 초인Man and Superman》

내면의 예스 방법

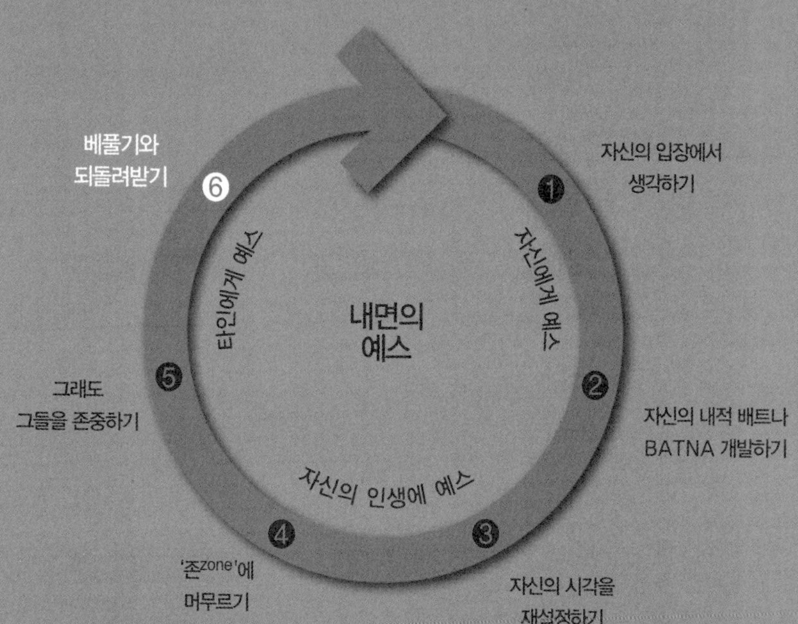

내면의 예스
자신에게 예스
자신의 인생에 예스
타인에게 예스
1
자신의 입장에서 생각하기
2
자신의 내적 배트나 BATNA 개발하기
3
자신의 시각을 재설정하기
4
'존zone'에 머무르기
5
그래도 그들을 존중하기
6
베풀기와 되돌려받기

협상이나 인간관계에서 윈-윈win-win의 해결책 찾기가 어려운 만큼 자신으로부터 예스를 이끌어내는 과정은 스스로에게 더 대담한 목표를 지향하도록 부추긴다-그리고 정말 자신에게 요청한다-고 생각한다. 윈-윈-윈win-win-win의 결과를 추구하면 본인과 상대방만의 승리가 아닌, 더 넓게는 가족, 직장, 국가 심지어는 세계 전체가 공유하는 것이다. 이혼 과정에서 배우자끼리 서로 다투고 있을 때, 아이들의 소망은 어떻게 해야 하나? 노조와 경영진 간의 마찰에서, 어떻게 기업이 재정적으로 튼튼하게 유지되면서 직원과 그들의 가족을 위한 양질의 일자리를 제공할 수 있는가? 두 민족 간의 대립에서, 사람들이 어떻게 안전하게 지낼 수 있는가?

윈-윈-윈의 해법을 찾기 위한 핵심은 모두가 승부의 법칙을 '빼앗기'에서 '베풀기'로 바꿀 수 있도록 도와주는 것이다. 빼앗기가 자신만을 위한 가치를 주장하는 것이라면, 베풀기는 나 자신뿐만 아니라 다른 이들을 위한 가치를 만드는 것이다. 빼앗는 것이 본질적으로 타인에게 '노'라고 말하는 것이라면 베풀기는 '예스'라고 말하는 것이다. 베풀기는 협력의 중심부에 놓여 있다. 이것은 행동의 한 형태지만 타인을 향한 기본적인 태도로써, 우리의 마음속에서부터 생겨난다. 우리 대부분은 베풀려는 태도를 가족이나 친구, 친한 동료 등과 함께 있을 때와 같이 특정한 형식으로 받아들인다. 그런데 어떻게 이러한 베풀고 협력하는 태도를 자신과 그다지 친하지 않거나 갈등이 있는 사람과 돈독히 할 수 있을까? 그것이 문제로다.

여러 해 동안 윈-윈 협상 방식을 가르쳐오면서 내가 반복적으로 관찰해온 바로는, 사람들은 오직 그들이 진짜 분쟁에 휘말려 윈-루즈win-lose의 행동으로 복귀하려 할 때만 협력하는 협상 기술을 배울 수 있었다. 열띤 논쟁에서 감정이 격앙되면 결핍의 공포가 엄습한다. 만약 내가 협조한다면 내 요구조건은 충분히 충족 안 되고, 혹시 상대편에서 나를 이용할지도 모른다는 걱정을 하는 것이다.

특히 갈등이 있을 때는 나뿐만 아니라 여러 사람의 이익을 만드는 것보다 오직 자신의 이익을 주장하는 데만 치우치기 쉽다. 그러나 어렵다 하더라도 윈-윈-윈으로 바꿀 수 있는 기회는 본인의 손에 달려 있다. 자기 자신의 태도를 살펴보고 변화시킴으로써 솔선수범할 수 있다.

닥친 고난이 무엇이든지 간에 기본적으로 베푸는 태도를 취하면 협상장에서 뿐만 아니라 우리의 인생에도 수많은 이로운 점들이 있다. 큰 반향을 일으킨 와튼스쿨의 애덤 그랜트Adam Grant 교수가 쓴 책《기브 앤 테이크Give and Take》에서 그는, 인생에서 가장 성공한 사람들은 놀랍게도 취득하는 사람이 아니라 베푸는 사람들이라는 학문적인 연구를 통한 고무적인 증거들을 발표한 바 있다. 물론 이런 베풀기가 현명해야 하고, 오직 받기만 하는 사람을 염두에 두어야 한다는 것이 중요하다. 그렇지 않으면 자신이 낭패를 볼 수 있다.

조사에서 보인 베풀기의 실질적인 이득은 아주 훌륭하다.[38)]예를 들어 그랜트 교수의 한 연구에 의하면, 고객에게 진심 어린 서비스를 하는 판매원들이 단순히 돈만 좇는 판매원보다 수입이 더 많다는 결론을 보여주었다. 다른 연구에 의하면 더 많은 기부를 하는 사람들이 좀 더 행복감을 느끼고 평균적으로 돈도 더 많이 버는 것으로 나타났다. 베풀기는 어느 정도 효력이 있는데, 왜냐하면 누군가가 당신을 위해 선행을 베풀 것이라는 가능성을 증가시킨다는 결과가 이를 뒷받침한다. 베풀기는 내적으로나 외적으로 개인적인 만족으로 가는 길이다.

그렇다면 타인과의 관계에서 자신의 베풀려는 태도를 어떻게 튼튼히 다질 수 있을까? **앞에서 다룬 '자신으로부터 예스 이끌어내기'의 모든 단계들이 이 주제로 귀결된다는 것에 주목할 필요가 있다.** 만약 자신 안에서 행복감과 충족감을 느낀다면 설령 상대방이 까다롭다 할지라도 그들에게 베푸는 것이 쉬울 것이다. 자신의 가장 절실한 요구사항을 안다면 역시 타인의 그것도 알기 쉽다. 또 상대방에게 나의 존경심을 보여줌으로써 이미 베푸는 태도가 몸에 밴 것이라 할 수 있다.

여전히, 결핍의 공포는 매우 강력할 것이다. 베풂의 기본적인 태도를 기르면 그런 태도가 자신의 관심사나 본인의 기쁨 또는 본인의 결심에 뿌리가 된다. 다른 말로 하자면, 서로의 이득을 위해 베풀고, 즐거움과 가치를 위해 베풀며, 자신이 지금 이 순간 줄 수 있는 것을 베풀라는 뜻이다.

상호 이익을 위해 베풀어라

힘들고 가난한 어린 시절을 보냈지만 세계 최고의 부호가 된 유명한 중국인 사업가 리카싱Li Ka-Shing에게 한 잡지 인터뷰어가 그의 사업 성공 비결이 무엇인지 물어본 적이 있다. 그가 말한 열쇠는 항상 그의 동료들을 공정하게 대하고 실질적으로 자신이 가져야 할 몫보다 그들에게 좀 더 많이 베푸는 것이었다. 모두가 그와 같이 일하고 싶어 했고, 그가 부자가 될 수 있었던 것은 동료들 덕이었다.[39)]

베푸는 태도를 기르는 첫 번째 방법은, 타인을 위한 이익 창출이 어떻게 자신의 요구사항을 구체적으로 충족시키는 데 도움을 주는 일인지에 대해 감사하는 것이다. 베풂 때문에 자신의 흥미거리를 희생할 필요는 없다. 본인이 테레사 수녀나 마하트마 간디 같은 인물이 아니어도 된다. 그리고 상대방의 요구에 굴복하지 않아도 된다. 베푸는 것은 손해 보는 것이 아니다. **베풀기의 첫 번째 의미는, 서로 이득이 되는 것을 찾는다는 의미로, 마치 나 스스로를 돕듯 남을 도와주는 것이다. 이것이 윈-윈 협상의 핵심이다.**

내가 아는 가장 훌륭한 협상가들은 상대방의 관심과 요구를 잘 드러나게 하면서 자신의 목적도 이루는 사람들이다. 이렇게 함으로써 가치를 만들어내고 양쪽을 위한 전체 매출도 증대시켜서, 일반적으로 상대의 비용으로 자신의 이익만 주장하려는 사람들보다 훨씬 더 나은 합의점을 도출한다. 믿을 수 있는 연구들이 이 사실을 뒷받침하는데, 네덜란드의 심리학자 카르스텐 드 드류Carsten De Dreu 교수는 서로 다른 협상 모의실험 28개에 대한 연구의 광범위한 분석을 내놓았는데, 가장 유능한 협상가는 협조적인 접근법을 이용해서 양쪽 모두의 요구사항을 충족시키는 데 초점을 맞춘다는 것을 밝혀냈다.[40)]

어떤 갈등이나 협상을 해결할 때 본인의 관심과 상대방의 관심을 얼마나 염두에 두느냐에 따라 4가지의 가능한 선택을 할 수 있다. 첫째로, 윈-루즈의 강한 적대적인 접근으로 오직 자신의 이익만 염려하는 것이다. 둘째로, 자신의 목적은 제쳐두고 오직 상대방의 이익에만 신경을 쓰는 수용적인 접근법도 있다. 또 상대방의 관심이나 심지어는 본인의 관심사도 전혀 언급하지 않는 회피 접근법도 있고, 마지막으로, 상대방뿐만 아니라 자신의 이익 모두를 염려하는 윈-윈 접근법도 있다.

협상을 가르치고 대립 상황에서 조언을 하는 나의 연구의 상당 부분은 사람들이 적대적인 윈-루즈의 접근에서 윈-윈의 방법을 찾도록 돕는 일이다. 대부분의 사람들은 처음에는 모두가 실패하는 결과를 낳는 어려운 방법을 배운다. 적대적인 접근은 고비용과 비효율성이 증명되었고, 수용적인 접근법 역시 더 좋은 결과를 낼 수 없다. 고객을 만족시키려고 모든 것을 갖다 바친다면 아마도 비즈니스를 유지하기란 불가능할 것이기 때문이다.

늙고 혼자된 부모님을 모시고자 자신을 온통 희생만 한다면 결국 자신의 에너지는 소진되어 더 이상 도울 수 없다는 이치와 같다. 세 번째 접근법인 회피하는 방법에도 함정은 있다. 아무도 문제점을 얘기하지 않는다면 상황은 점점 더 나빠질 것이 분명하다. 결과적으로 상대방과 자신을 위한 이익 창출은 가장 확고한 최상의 합의관계를 이뤄내는 것이다.

애덤 그랜트는 그의 책에서, 정상권 운동선수였다가 잘 나가는 스포츠팀에 새로이 영입된 선수들을 위해 계약 협상을 담당하는 전문 협상가로 변신한 데렉 소렌슨Derek Sorenson의 예를 언급하기도 했다. 협상장에서 매우 전도유망한 젊은 선수의 법정 대리인과 같이 앉아 있다. 소렌슨은 낮은 금액을 제안하면서 윈-루즈의 방식으로 접근해서 마치 '획득하는 사람'처럼 행동한다. 대리인은 계속해서 실망감을 표현하며 비슷한 실력의 선수들이 얼마만큼 높은 금액을 받는지 강조한다. 그래도 소렌슨은 양보하지 않고 나중에는 대리인을 굽히게 만든다. 선수나 대리인을 데려오지 못해도 자신이 이겼으니 팀을 위해 수천 달러를 지켜낸 것 같았다.

그러나 그날 밤 소렌슨은 영 찜찜한 기분이었다. '대화중에 그 대리인이 많이 화난 걸 느낄 수 있었어. 비교되는 다른 선수에 대해 몇 가지 지적했지만 대화에 열을 올리느라 내가 그의 말에 귀를 기울이지 않은 것 같군. 나쁜 인상만 남기겠는 걸.'[41] 소렌슨은 인간관계에서나 자신의 명성에 대한 그의 윈-루즈 접근 방식의 잠재적인 대가를 알아차렸다. 그래서 그는 다시 대리인에게 돌아가 그들의 원래 요구를 들어주고 여분의 몇 천 달러를 더 지불했다. 소렌슨이 느꼈듯이 그는 친선을 도모하려 했다. "대리인은 무척 고마워했죠. 선수가 자유계약 신분이 되었을 때 대리인이 나에게 전화를 했더군요. 그때를 되돌아보면 내가 그렇게 하길 정말 잘했다는 생각이 들어요. 확실히 관계가 더 좋아지고 팀 전체에 도움이 됐으니까요."

우리가 상호 이익이 되는 베풂이 어떻게 자신에게도 도움이 되는지를 알기 시작하면, 소렌슨이 그랬듯 자신의 태도를 '받는 것'에서 '베푸는 것'으로 바꾸려는 동기를 부여받게 된다. 또한 베풂의 이점은 물질적인 이기심을 떨쳐내는 데도 도움이 된다.

기쁨과 의미를 위해 베풀어라

협상을 가르칠 때 나는 이솝우화를 인용한다.

어느 날 북풍과 태양이 누가 더 센지에 대해 입씨름을 하고 있었다. 북풍이 더 셀까 아니면 태양이 더 강할까? 언쟁으로는 해결할 수 없게 되자 시험을 해보기로 했다. 하늘 저 높은 곳에서 내려다보니 지나가는 양치기 소년이 눈에 띄었다. 북풍과 태양은 누구든지 소년의 코트를 벗기면 더 힘이 센 것으로 간주하기로 했다.

먼저 북풍이 나섰다. 북풍은 할 수 있는 힘껏 바람을 불어서 소년의 코트를 벗기려 했다. 그러나 북풍이 거세지면 거세질수록 소년은 코트를 더 단단히 몸에 동여매고 놓치지 않으려 했다. 결국 잠시 후 북풍은 숨을 고르려고 멈췄다. 그러자 이번에는 태양의 차례였다. 태양은 그냥 빛나고만 있었고 이 때문에 자연히 소년은 더위를 느꼈다. 소년은 쨍쨍 빛나는 햇볕이 좋아서 말했다. "화창한 날씨군! 이 무성한 초원에서 햇볕을 받으며 잠시 누워볼까." 소년이 누우려고 준비하면서 코트를 벗어 담요처럼 펼쳤다. 이렇게 태양은 북풍보다 한 수 위임을 증명했다.

나는 이 전래동화가 우리에게 베풂의 가치에 대해 많은 것을 가르쳐준다는 것을 알았다. 북풍의 태도가 빼앗으려는 것이라면 태양의 태도는 주려는 것이다. 태양의 본질은 빛나는 것이다. 부자건 가난하건 착한 사람이건 못된 사람이건 태양은 모두를 비춘다. 태양 본연의 접근법이 바로 윈-윈-윈이다. 그래서 우화에서도 보여줬듯이 태양의 접근법이 북풍이 그랬던 것보다 더 강력하고 만족스러운 것이다.

베푸는 태도가 길러지면 베풂에서 생기는 진정한 기쁨을 알 수 있다. 무엇을 기대하고 바라서가 아니라 원래 태양의 본분이 비추는 것이었듯이, 우리 역시 직접적으로나 눈에 보이는 보답을 기대하지 않는 베풂에서 오는 즐거움을 알게 된다. 아마도 역설적이지만 베풂의 기쁨을 위한 베풂이 우리에게 가장 큰 행복을 가져다준다.

나는 백혈병으로 병마와 싸우고 있는 내 친구의 다섯 살짜리 손녀딸 헤일리Haley가 나에게 준 인생의 교훈을 평생 잊지 못할 것이다. 세 살이 된 개비와 아내는 헤아릴 수 없이 많은 의료 진찰 중 하나를 받기 위해 어린이 병원을 방문했다. 헤일리는 극도로 안 좋은 상태로 빠져들어서 얼굴은 알아볼 수 없게 부어올랐고 머리카락도 없이 파리하게 병상에 누워 있었다. 개비를 본 헤일리는 엄마에게 뭐라고 속삭였다. 그녀의 엄마가 잠시 자리를 떠나 아래층으로 내려가더니 병원 기념품가게에 들러 개비에게 줄 알파벳 G를 사왔다.

개비보다는 헤일리의 얼굴이 환해졌다. 일찍이 헤일리는 다른 아이들을 미소 짓게 만드는 즐거움을 알고 있었다. 비록 죽음의 끝자락에 놓여 몹시 힘든 상황에서도 헤일리는 베풂의 목적이 주는 베풂의 기쁨을 느낄 수 있었다.

베풂의 즐거움을 알게 되면 베풀고 싶어서 베풀게 된다. 베푸는 첫 단계는 단순히 되돌려 받으려고 한다. 다른 이와의 인간관계를 마치 사업 상 거래하는 것처럼 하는 것이다. 하지만 베풂의 두 번째 단계는 직접적으로 눈에 보이는 보답을 기대하지 않고 베푸는 것이다.

"내게 주어진 디폴트값은 베푸는 것이죠."[42]라고 셰리안Sherryann은 애덤 그랜트와의 인터뷰에서 얘기한다. 그녀는 회사에서 신입사원들을 여러 시간 모니터링하고 여성 리더십 창단을 주도하고 있고 기업 내에 자선기금 마련 작업도 감독하고 있다. "저는 보수를 바라지 않지만 영향력 있는 변화를 만들고 싶어요. 내 도움으로 최대의 혜택을 받을 수 있는 이들에게 관심을 가지는 거죠."

의미나 기쁨을 위해 베풀고자 하는 열의가 생기면 더 베풀게 되고 기분은 더 좋아진다. 기분이 좋아지면 더 많이 베풀려고 한다. 물론 에너지를 너무 써버려 탈진하지 않으려면 본인의 욕구 역시 잘 돌봐야 한다. 기쁨과 의미 있는 일에 베풀더라도 한계가 있다는 것을 명심해야 한다.

베푸는 즐거움을 위한 베풂은 의무적으로 해야 하는 베풂과는 매우 다르다. 의무적으로 베풀어야 한다면 그다지 즐겁지도 않고 나중에는 불만스러울 것이다. 스콧 해리슨Scott Harrison의 이야기를 보자. 남을 배려하고 베풀라는 가르침을 받고 성장해오는 동안 스콧에게는 다른 선택의 여지가 없었다. 다수의 우리처럼 스콧 역시 부모님이나 교회 사람들로부터 인정받기 위해 이타심이라는 가면을 쓰고 살았다. 그러나 청년기에 접어든 스콧은 그가 보아온 것들을 위선이라 여기며 가면을 벗고 반항을 했다. 그는 남은 신경 쓰지 않고 뉴욕의 나이트클럽이나 패션 행사로 돈을 벌며 오직 자신이 즐길 일들만 했다.

28세가 된 스콧은 성공해서 행복한 사람으로 보였다. 그에게는 많은 돈과 명품시계, 값비싼 자동차와 모델로 일하는 여자친구도 있었다. 그러던 중 한 해의 마지막날, 그는 말과 시중들, 집사들, 그리고 1,000달러 상당의 불꽃놀이를 10분 정도 즐기기 위해 우루과이의 푼다 델 에스텔에 있는 커다란 빌라를 빌렸다. 갑자기 그에게 뭔가 치밀어 올랐다.

"내가 무엇이 되어 있는지 보았습니다. 나에게 가치 있던 그 모든 것들을 멀리하며 10년 동안 이렇게 천천히 태워버린……. 나는 정서적으로 파산했고 나의 영혼도 파산했으며 도덕적으로 파산했습니다. 내 주위를 살펴보자 그 누구도 행복하지 않았습니다. 마치 베일이 벗겨진 것 같았습니다. 결코 충분히 만족할 만한 여자는 없을 것이고, 충분히 만족할 만한 돈도 없을 것이며, 충분히 만족할 만한 지위도 없겠죠."

스콧에게 닥친 위기는 세상에 대한 의문과 자기 탐구가 격렬했던 때에 일어났다. 그는 몇 가지 강렬하지만 불편한 질문을 스스로에게 해보았다. '나의 삶과 정반대되는 삶은 어떤 모습일까? 남을 위해 봉사한다면 어떨까?' 거짓된 이타심의 경험이 있던 그는 지금 오직 진짜에만 관심이 있을 뿐이었다.

홀로 독서하고 자신의 정신세계를 깊게 탐구하며 지낸 몇 달 후, 스콧은 서아프리카에 있는 의료 선박에서 사진기자로 자원봉사하기로 마음먹었다. 거기서 그는 2년간 봉사했다. 자신이 목격한 고통 받지만 용기 있는 이들에게 감동받고 영감을 얻어서 집으로 돌아와서는 '채리티;워터charity:water'라는 단체를 설립했다. 단체는 기금을 모아 우물을 짓고 세계 곳곳에 가난한 수천, 수만 명의 사람들에게 깨끗한 물을 제공한다. 이제 의미를 찾던 그의 바람이 충족된 것이다. 그와 같이 있으면서 그의 에너지와 열정을 알 수 있었다. 모금된 돈으로 만든 우물에서 사람들이 깨끗한 물을 마시는 것을 지켜보고 있는 즐거움을 설명하면서 그는 "흥분됩니다."라고 외쳤다.

소비 사회에서는 우리로 하여금 '물건'- 물질적인 소유물이나 권력, 성공 등 - 이 우리에게 내적 행복을 가져다준다고 믿도록 가르친다. 그러나 스콧의 이야기가 보여주듯이 진실은 '아무리 많이 가졌더라도 결코 충분치 않다'라는 사실을 드러낸다. 오직 자신의 욕구만 충족된다면 우리의 결핍은 결코 채워지지 않는다.

반대로 베풂이 마음에서 우러나와 자유로이 선택된 것이라면 자신에게 영원한 내적 행복을 안겨줄 것이다. 왜냐하면 타인과 연결되어 보탬이 되고 싶은 절실한 욕구와 만나게 되고, 타인에게 변화가 나타나게 되고, 또 기분이 좋아지는 일이기 때문이다. **모순되게 들리지만 베풂으로써 자신이 가장 원하는 것을 되돌려 받는다. 베풂의 의미와 즐거움을 알게 될 때 베풂과 되돌려 받기의 아름다운 선순환이 시작된다.** 하지만 되돌려 받기가 베풂의 목적이 되지는 않는다. 우리가 베푸는 이유는, 우리는 베푸는 존재이고 또 그것이 우리가 하고 싶은 일이기 때문이다. 이와 같은 방법으로 베풂으로써 스콧의 이야기처럼 우리는 단지 나와 남을 위한 승리뿐만 아니라 전체를 위한 승리를 이루는 것이다.

지금 줄 수 있는 것을 베풀어라

아마도 베푸는 태도가 튼튼하게 유지되도록 하는 가장 좋은 방법은, 자신을 자연스럽게 베푸는 사람으로 만드는 목적이나 활동을 찾는 것이다. 마치 몸에 있는 근육처럼 베푸는 마음가짐의 이로움을 훈련으로 얻는 것이다. 목적을 통해서 베풂이 인생이라는 옷감에 스며들게 된다.

목적이 질문에 대한 답이다. '왜 아침에 기상하는가? 무엇이 자신을 들뜨게 하는가? 무엇이 자신을 자극하는가?' 누구에게는 목적이 가족을 부양하고 챙기는 것이고, 다른 이에게는 음악을 연주하고 예술작품을 만드는 것이다. 누군가에게는 아직 세상에 존재하지 않는 무엇인가를 만드는 것이고, 또 누구에게는 정원을 가꾸는 일이다. 소비자에게 서비스를 제공하거나, 젊은 동료들에게 멘토가 되어주기도 하고, 고통 받고 있는 이들을 돕는 것이기도 하다. **자신에게 생기를 불어넣어줄 목적을 찾게 된다면 이것은 단지 내적 만족의 원천이 될 뿐만 아니라 내 주위의 다른 이들에게 베푸는 구실이 되고, 또 내 안에 있는 베푸는 마음도 더 강해지는 것이다.**

이 책을 통해서 나는 딸이 겪었던 의료 역경의 이야기를 나누었다. 이 책의 집필을 마무리할 때쯤, 앞에서 얘기했던 목적 찾기의 이로움으로 개비에게 놀라운 일이 일어났다. 어느 날 아침 개비는 아내와 나에게 넉 달이나 남아 있는 16세 생일을 기네스 세계기록을 깨는 것으로 자축하고 싶다고 통보했다. 몇 년 전에는, 오랫동안 꿈꿔온 가장 오랜 시간 사방치기 놀이hopscotch 하기와 한 쪽 발에 가장 많은 양말 신기에 도전했었다. 이번에는 팔과 발가락으로 몸 전체를 지지해 완벽한 수평자세를 유지해서 몸 중심부를 강화하는 운동인 '플랭크 자세 가장 오래 버티기'를 해보고 싶다고 말했다.

앞에서 언급한대로 개비는 장애를 안고 태어나서 지금까지 척추와 척수, 장기 그리고 발에 15번의 큰 수술을 했다. 몇 달 전 개비가 배구팀에 있을 때 코치는 다른 학생들이 뛰는 동안 개비에게는 다소 어려운 플랭크를 하도록 했다. 나중에 학생들이 구보를 다하고 돌아올 때까지 개비가 12분 동안 플랭크를 하고 있는 것을 본 코치는 놀랐다. 코치의 놀라는 모습을 본 개비는 생각했다. '와! 기네스 세계신기록!' 기네스 협회에 편지를 쓴 개비는 여성 세계기록은 40분이라는 것을 알게 되었다. 개비는 다른 큰 수술이 끝나고 훈련을 시작하기 전 두 달간 기다렸다.

아내와 나는 적잖이 놀랐지만 개비의 계획을 알고서는 더욱 더 놀랐다. 그녀의 인생에 놓인 온갖 역경에도 불구하고 개비는 결코 자신에게 유감스러워 하지 않았다. 개비는 무기력한 희생자 놀이의 함정에 빠지지 않은 것이다. 우리는 언제나 그녀의 에너지와 열정 그리고 매일을 즐겁게 보내려는 그녀의 재주에 감탄했다. 수술 후에도 삶을 이끌어가는 능력, 인생을 온전히 자기편으로 보는 딸아이가 경이로웠다. 그녀는 자연스럽게 현재를 살고 있었고, 과거의 후회로 시간을 낭비하지 않았고, 또 미래에 대한 걱정도 없었다. 유년기 동안에도 개비는 내면의 예스를 잃지 않았고, 또 인생에게도 자신이 가진 넘칠 듯 많은 예스를 지켰다.

아내와 나는 개비의 꿈을 지지해주었고 그녀가 잘할 수 있도록 격려했다. 기록을 깨기 위한 훈련을 시작하고 몇 주가 지났다. 비공식 시도에서 개비는 20분에서 25분, 30분을 넘어, 아내가 개비에게 뭘 물어보려고 방해했을 때 마침 40분을 넘기고 있었다. 아래 딸아이의 인터뷰 내용이 있다.

> "저는 제 자신을 위해 기록을 깨려고 했었죠. 왜냐하면 그게 제가 원하는 거였거든요. 그런데 제가 이 일을 사명감을 가지고 할 수 있다는 생각이 들었어요. 저는 그 생각이 정말 마음에 들었고 특히 어린이 병원을 위해서 할 수 있다고 생각했어요.
> 병원 사람들이 저를 걷거나 뛸 수 있게 도와줬을 뿐만 아니라 제가 어떤 특별한 일을 할 수 있도록 도와주었습니다. 저는 저와 같은 처지에 있는 아이들을 도와서 그 아이들이 좀 더 나은 경험을 할 수 있도록 돕고 싶었어요. 기금을 모으고 많이 알려서 제가 하는 플랭크가 세계기록보다 특별한 것이 되었으면 좋겠어요."[44]

개비의 목적은 자연스럽게 자신에게 베푸는 것으로부터 남에게 베푸는 일로 나아갔다.

예정된 기록 도전을 일주일 남겨 놓은 어느 날 개비는, 현 세계기록 보유자 에바 불조미Eva Bulzomi로부터 한 통의 이메일을 받았다. 그녀는 개비에게 종전 본인의 기록을 25분이나 연장해 갱신했다는 내용이었다. 그녀의 새로운 기록은 1시간 5분 18초였다. 아직 기네스측이 공식 인정하지 않았지만 진행 중이었다. 아내가 개비에게 물었다.

"와우! 기분이 어떠니?"

"조금 더 힘들어졌네요." 개비가 낮은 목소리로 대답했지만 여전히 그녀는 대담했고 확고했다.

마침내 결전의 날이 왔다. 개비의 친구들과 가족들은 모여서 그녀가 잘 해내는지 지켜보았다. 개비는 목표치의 반쯤 되는 35분이 넘어가자 팔에 불편과 통증을 호소했고, 눈물이 매트를 적시고 있었다. 친구들은 노래를 불러주며 개비가 고통을 이겨내도록 응원하고 있었다. 몇 분이 지나가자 친구와 가족들이 그녀를 응원하며 자신들도 플랭크 자세를 취하기 위해 바닥에 엎드렸다. 결국 1시간 20분이 되었을 때 개비는 멈추었다. 그녀는 종전에 있던 두 개의 기록을 뛰어넘은 것이었다. 나는 개비가 일어날 수 있도록 도우며 경외심과 안도감을 느꼈다.

며칠 후 개비는 기네스에서 준 세계기록 공식 상장을 들고서 〈굿모닝 아메리카Good Morning America〉라는 티비쇼에 출연하게 되었다.[45] 그녀의 소식이 세계 도처에 전해졌고, 그녀가 세계기록을 깨는 영상 비디오는 150여 개국 넘는 국가에서 방영되었다. 개비는 단지 자신의 한계를 시험하는 수천 명의 사람들에게 영감을 주고, 자기 자신이 알고 있는 결점을 강점으로 바꾸도록 도왔을 뿐만 아니라, 85,000달러의 기금을 콜로라도에 있는 어린이 병원을 위해 모금했다. 이것은 그녀가 정한 목표치에 무려 11배가 넘는 금액이었다.

개비는 대단히 성공적으로 자신이 원하는 것을 얻을 수 있었고, 동시에 우리가 미처 알지 못하는 많은 방식으로 다른 이들에게도 도움이 되었다. 타인을 도울 목적으로 플랭크 계획을 시작하지는 않았지만 끝맺음은 그러했다. 그녀는 베풀고 되돌려 받는 즐거움을 알게 되었다. 개비가 알게 된 것처럼 의미에 뿌리를 두는 것만큼 베푸는 행동을 튼튼하게 하는 것은 없다.

개비의 이야기가 보여주는 대로 지금 줄 수 있는 것을 베푸는 것이 우리가 할 수 있는 인생의 행복을 얻는 가장 훌륭하고 한결같은 원천일 것이다. 의도한 바대로 베푼다면 대단할 필요도 없다. 나는 법 공부를 한 뒤 변호사가 된 친구 파올라Paola를 떠올렸다. 그녀는 일류 직업을 가졌지만 전혀 행복하지 않았다. 그때 그녀는 어렸을 적 헤어컨디셔너를 섞는 놀이와 로션을 강아지에게 발라주던 것을 좋아했다는 사실을 기억했다. 처음에는 하찮은 일 같았지만 이것이야말로 그녀가 정말 좋아하는 것이었다. 강아지를 위한 혼합 헤어컨디셔너로 그녀는 자신이 인류를 돕기 위해 혼합물질들을 만드는 화학자가 된 것 같은 상상을 해보기도 했다. 파올라는 용기를 내어 법정을 떠났고, 저축한 돈으로 천연비누 만드는 사업을 시작했고 이런 방식으로 사람들을 돕게 되었다. 새로운 돈 버는 방식이 그녀가 꿈꿔왔던 '성공한' 직업의 이미지는 아니었지만, 그녀는 행복했다. 왜냐하면 그녀가 진심으로 좋아하는 일을 하면서 기여할 수 있는 방법을 알았기 때문이다.

본인의 기부가 작게 느껴질지 몰라도 때때로 다른 이들에게 엄청난 변화를 가져다주기도 한다. 친구의 아이를 돌봐주거나 연로하신 부모님을 도와드리고, 엄청난 집 수리 비용이 드는 이웃을 도와주고, 아픈 직장 동료의 일을 거들고, 아니면 거리의 낯선 이에게 친절을 베푸는 일 등등. 외관상으로 보이는 기부의 크기는 그리 중요하지 않다. 베풀기는 진솔한 마음가짐으로 할 때 빛난다.

아마도 기부를 하는 데 있어 가장 큰 걸림돌은 두려움일 것이다. 자신의 소박함이 아닌 자신의 관대함 때문에 말이다. 우리는 자신의 한계가 아닌 자신의 재능을 두려워하기도 한다. 인본주의 심리학자인 에이브러햄 매슬로Abraham Maslow는 이러한 현상을 '요나 콤플렉스Jonah Complex'라 칭하며, '자신의 재능을 연마하고 운명을 따르기를 회피하는 두려움'이라고 설명한다.46)

《성경》에서 요나는 니네베의 사람들에게 폭력과 사악한 행동을 멈출 것을, 그렇지 않으면 파멸될 것이라고 경고하는 하나님의 부름을 전하는 운명이었지만 도망쳐버린다. 부름을 받고 요나는 정반대 방향으로 향했다. 배로 바다를 건너는데 폭풍으로 배 안의 모든 사람들이 위험했다. 요나는 이것이 자신의 책임이라는 것을 알아차리고는 선원들에게 자기를 바다로 던지라고 한다. 그러자 바로 폭풍이 멈추었다. 요나는 고래 뱃속에 갇혀서는 자신의 운명을 거부한 실수를 깨달은 후에 고래가 육지로 데려다준다. 요나는 니네베로 향했고 사람들에게 그들의 방식을 바꾸라는 경고의 말씀을 전했고 무서운 뒷감당을 얘기했다.

이 고대 이야기는 많은 지혜를 담고 있다. 세상에 자신의 능력을 베풀 수 있는 기회가 오면 대개 우리는 요나처럼 도망친다. 겸손하게 재능을 숨기는 것이다. 그러다 불행이 닥치면 정신이 들어서 자신이 줄 수 있는 것을 베풀고 본인의 욕구가 만족될 수 있다는 사실을 깨닫는다. 다른 의미로는 남을 위해서만 능력이 발휘되는 것이다.

'아브라함의 길' 작업 과정에서 아브라함에 대한 고대 일화들을 연구할 수 있는 영광을 누리게 되었다. 《성경》에서는 아브라함은 하나님으로부터 아비의 집과 고국을 떠나 그의 참된 자신이 보이는 곳으로 가라는 부름을 들었다. 요나와는 반대로 아브라함은 그의 부름을 마음속에 새기고는 자신의 운명을 따르기 위해 여정을 떠난다. 연로한 현인들은 왜 다른 사람들 중에서 유독 아브라함만이 이 부름에 뽑혔는지 토론을 하곤 했다. 어떻게 그에게 자격이 주어졌을까? 많은 토론 끝에 현인들은 모든 인간이 부름을 받았다는 결론을 내렸다. 차이점은 아브라함만이 새겨들은 것이다.

아브라함의 재능은, 단순한 것이었지만 강력한 친절함의 교훈이었다. 낯선 곳에서 이방인으로 그는 환대받았고, 또 환대해 주었다. 그의 천막은 방문하는 손님들을 위해 네 방향으로 열려 있었다. 아브라함이 발견한 자신의 재능은 낯선 이에게 친절을 베푸는 것이었다. 본인의 능력이 타인에게 발휘되도록 배운 것이다. 우리 각자는 아브라함처럼 미지로 여행을 떠나라는 부름을 받는다. 모두는 각자의 능력 안에서 특정한 재능이 주어진다고 나는 생각한다. 다만 밖이 내다보이는 창을 깨끗이 해서 자신의 능력이 밖으로 빛나게 하는 것은 본인에게 달려 있다.

윈-루즈에서 윈-윈-윈으로

책의 앞부분에서 출구가 없어 보이는 윈-루즈 싸움의 함정에 갇혀버린 나의 친구이자 의뢰인이었던 아빌리오 디니즈의 사례를 소개했었다. 이제 그 싸움이 어떻게 끝났는지 얘기하려고 한다.

전 비즈니스 파트너와 2년 반에 걸친 소송으로 언론에서 서로를 공격하고 회사를 발전시킬 수 있는 결정을 서로 가로막으면서 그들은 자신이 상대방으로부터 원하는 것을 얻으려고 했지만 그러지 못했다. 아무도 진정으로 원하는 것을 갖지 못했다.

데이비드와 내가 상대방 협상가를 만나서 발상의 전환을 모색해보기로 했다. 상대방에게 위협 요소들을 예시하기보다는 서로가 서로를 배려할 수 있는지에 초점을 맞췄다. 수많은 대립각에도 불구하고 아빌리오와 그의 파트너는 두 가지에 공통적인 관심을 보였는데, 자유와 명예가 그것이었다. 각자는 서로가 원하는 사업 거래와 재임기간 등에 자유를 주기로 결정했다. 그리고 서로 각자가 중요하게 여기는 부분도 존중하기로 했다. 처음에는 상상하기조차 힘들었던 합의가 공통 관심사를 바탕으로 모두에게 윈-윈의 합의가 될 수 있었다.

우리는 이 합의를 어떻게 현실적으로 만들지 연구했다. 먼저 사업 파트너는 아빌리오를 3년 비경쟁 조항에서 면제해 그가 다른 사업계획을 찾도록 자유를 주는 것이다. 답례로 아빌리오는 이사회를 떠나서 그의 파트너가 그만의 방식으로 회사를 자유롭게 경영하도록 하는 것이다. 또 파트너가 아빌리오의 의결권 주식을 무의결권 주식으로 전환하도록 해서 아빌리오가 주식시장에서 거래할 수 있도록 하는 것이다. 합동 기자회견을 열어 서로의 발전을 기원하는 것도 있다. 그 외 여러 가지 일들이 있다. 요약하면 윈-루즈에서 윈-윈의 게임으로 바뀐 것이다.

물론 수많은 난관과 법적으로 복잡한 절차가 있기는 하지만 뺏으려는 태도에서 베푸는 태도로 흐름을 바꾸려는 단순한 변화가 모든 걸 바꿀 수 있게 했다. 급박했던 4일 동안 양쪽 그룹은 예스를 구할 수 있었고, 마침내 이 험난했던 사업 전쟁에 종지부를 찍을 수 있었다. 아빌리오는 회사 임원들과 다른 직원들 앞에서 전 사업 파트너에게 존중을 담은 얘기와 그들에게 행운을 빌면서 멋지게 작별인사를 했다. 그의 파트너는 아빌리오에게 회사에 속해 있는 자신이 열정을 쏟았던 귀중한 체육훈련협회를 제안했다.

걱정했던 모두를 가장 놀래킨 것은, 아빌리오와 지금까지 그의 최대 적수였던 파트너가 보여준 만족의 정도였다. 각자 마지못해 받아들이는 타협이 아니라 무척 만족스럽고 결과에 안도하는 해결책이었다.

자신이 무엇을 얻을 수 있나보다 서로에게 무엇을 베풀 것인가에 집중하며 협상을 시작한 것이 진정한 윈-윈의 결과물을 낳게 했다. 사실 이 협상은 단지 그 두 그룹만의 윈-윈을 넘어서 그보다 더 넓고 멀리 그들의 가족이나 회사, 15,000명이나 되는 직원들 그리고 심지어 사회 전체가 혜택을 얻는 윈-윈-윈의 해법이 되었다.

아빌리오에게 이 과정은 쉽지 않았다. 대부분의 우리들처럼 그 자신이 그의 가장 강력한 적이었던 것이다. 그러나 그는 자신을 우군으로 만들려고 무척 애썼다. 공격받으면 즉각적으로 반응하려는 강한 충동이 생길 때마다 그는 사력을 다해 발코니로 가려 했다. 성공하지 못하더라도 말이다. 자신을 매몰차게 평가할 때에도 다른 이의 도움을 받아 자신의 입장에서 생각해보고 자신의 진정한 바람이 드러나도록 노력했다. 가끔 상대방이 원망스러워도 그는 자신의 인생을 책임질 사람은 자기 자신이라는 것을 잊지 않았다.

때때로 아빌리오는 결핍감이 주는 두려움의 포로가 되기도 했지만, 그는 다시 자신의 인생 설계를 재정비하고 자신만이 본인을 행복하게 만드는 힘이 있다는 것을 떠올렸다. 과거에 사로잡힐 때마다 이뤄낸 것들을 보며 현재의 순간으로 되돌아올 수 있었다. 진짜 파이터처럼 공격 자세를 취해도, 언제 적을 존중해야 하는지도 알았다. 아빌리오에게 마지막 장애물이었던 윈-루즈의 마음가짐도, 빼앗는 태도에서 베푸는 태도로 바꾸면서 이겨낼 수 있었다.

대부분의 사람들처럼 아빌리오 역시 자신에게서 예스를 이끌어내는 과정이 완벽하지는 못했지만, 자신의 방법에서 벗어나려는 훈련과 노력으로 자신이 원했던 빅 예스를 이끌어냈다. "난 내 인생을 되찾았소." 그가 말했다. "지금이 내 인생의 최고요."

지금까지 보여준 각각의 여섯 단계는 윈-루즈의 사고방식을 윈-윈-윈으로 바꿀 수 있도록 도와줄 것이다. 타인을 향한 자신의 기본적인 태도를, 쟁취하는 것에서 베푸는 것으로 변화시키는 것이 최고의 행동이다. 처음에는 되돌려받기 위해 베풀지만 다음에는 직접적인 보상이 없이도 베푸는 것을 배우게 되고, 나중에는 본인이 의도한 바를 성취하기 위해 베풀게 된다. 자신의 디폴트값을 베푸는 것으로 변화시킴으로써 자신으로부터 예스를 얻어내고 내적인 만족을 경험하는 것뿐만 아니라 타인과의 예스도 좀 더 쉽게 구할 수 있으며, 외적인 성공도 이뤄낼 수 있다. 비로소 베풂과 되돌려받기의 순환이 끝없이 이어지는 것이다.

협 상 을　마 치 며

세 가지 승리

"나는 예스만이 오직 살아있는 것이라고 상상한다."

_E. E. 커밍즈

이 책은 인류 전체의 딜레마인, '우리의 삶에서 가족이나 직장 동료, 거래처 의뢰인 또는 다른 사람들의 요구사항이나 걱정거리를 만족시키면서도 자신이 정말로 원하는 것을 어떻게 가질 수 있을까?'라는 질문으로 시작했다.

책에서 말하고자 하는 핵심 전제는, 나 자신으로부터 예스를 더 잘 이끌어낼수록 타인으로부터의 예스도 더 잘 구할 수 있다는 것이다. 아마도 스스로에게 내재된 자신을 향한 태도나 삶에 대한 태도 그리고 타인을 대하는 태도만큼 관계나 협상에 영향을 미치는 중요한 요소는 없을 것이다. **자신이 인생에서 만들 수 있는 가장 강력한 변화는 내면의 태도를 '노'에서 '예스'로 바꾸는 것이다.**

인생에서 자기 마음대로 할 수 있는 일은 거의 없을지도 모른다. 하지만 자신이 결정할 수 있는 예스와 노 사이의 선택은 언제든지 할 수 있다. 본인이 스스로에게 최고의 동맹군이 되건 아니면 최대의 적수가 되건 자신에게 예스나 노를 선택할 수 있다. 친구가 되건 원수가 되건 인생에게 예스나 노라고 말할 수 있다. 또 남들에게도 예스 또는 노라고 말할 수 있다. 그것이 그들과 사이 좋은 파트너가 되든 도저히 용서가 안 되는 적군이 되든지 말이다. 본인의 선택이 모든 것을 변화시킨다.

나로부터 예스 이끌어내기는 세 가지의 승리를 가능케 하는데, 내면으로부터의 승리, 타인과의 승리, 그리고 전체를 위한 승리다.

내면으로부터의 승리

아침에 거울 속 나를 볼 때면 나 자신에게 상기시킨다. 내가 보고 있는 이 사람이 하루 동안 나를 지독히 괴롭힐 사람이며 내가 원하는 것을 가로막는 최대 방해꾼이 될 것이라고. 단지 몇 분간만이라도 내면의 예스 방법의 6단계를 되새겨보는 것이 일과 중에 발생되는 어떠한 문제거리도 마주할 마음의 준비가 된다는 중요한 사실을 알았다. 나는 각각의 단계에서 스스로에게 질문해보기를 좋아하는데, 이런 과정들이 내가 고집하는 방식에서 벗어나도록 도와주고 나아가서 당신에게도 도움이 되기를 바란다.

1. 자신의 입장에서 생각하라

직장에서 자신의 생각과 감정 상태를 심판하지 않고 관찰하는 내부 비평가를 알아낼 수 있는가? 자신의 감정이 향하는 마음속에 있는 욕구들은 무엇인가? 진정으로 자신이 원하는 것은 무엇인가?

2. 자신의 내적 배트나BATNA를 개발하라

자신의 요구사항이 받아들여지지 않으면 누군가 혹은 무엇인가를 원망하는가? 원망함으로써 얻어지는 이익은 무엇인가? 또 손실은 무엇인가? 어떠한 경우라도 자신의 간절한 요구를 잘 이행할 수 있는가?

3. 자신의 시각을 재설정하라

인생이 자신에게 맞서고 있다고 느껴지는가? 오늘 어떻게 자신을 행복하게 만들 것인가? 인생이 역경임에도 불구하고 있는 그대로 예스를 선택할 수 있는가?

4. '존ZONE'에 머무르라

과거에 대한 원망이나 미래에 대한 걱정을 가지고 있는가? 무엇으로 그것을 떨쳐내고 지금 인생이 놓여 있는 그 자체로 받아들일 수 있는가? 현재에 머무르기 위해 자신이 할 수 있는 작은 한 걸음은 무엇이며, 어디가 자신에게 최고의 장소인가?

5. 그럼에도 존중하라

누군가를 향한 적개심을 느끼고 있는가? 그들의 입장이라면 어떨까? 상대방이 존중하는 태도를 보이지 않아도 여전히 그들에게 예의를 표할 수 있는가?

6. 베풀기와 되돌려받기

자신이 처한 상황에서 결핍의 두려움을 느끼고 있는가? 빼앗는 것에서 베푸는 것으로, 윈-루즈에서 윈-윈-윈으로 자신의 태도를 변화시키는 것은 무엇인가?

각각의 단계는 인생에서 자신이 가장 원하는 것을 얻는 데 특정 장애물들을 보여준다. 전 단계는 다음 단계로 넘어가는 것을 쉽게 해준다. 간단하게 보여도 각각의 단계들은 어렵고, 특히 우리가 접하는 일상의 갈등에서는 더욱 그렇다. 내면의 예스에 도달하는 작업은 가장 어려운 일 중에 하나일 수 있는데, 보이지 않기 때문이다.

방법이 유용할수록 끊임없는 훈련 없이는 소용없다. 여섯 단계를 이해하는 것이 자신에게 많은 도움이 되겠지만 결국 해내야 하는 것은 자기 자신이다. 어떤 스포츠를 할 때 완벽하지는 못해도 점점 더 실력이 좋아지기는 한다. 나는 각 단계를 근육이라고 생각하는데, 더 많이 단련시킬수록 더 강해지는 것이다. 각각의 근육들이 강해져서 6개 모두를 함께 훈련하는 것이 자신이 바라는 목표로 다가가도록 해줄 것이다.

자신에게서 예스를 구하는 과정을 사실상 어떻게 끝내는가는 다름 아닌 자신에게 달려 있다. 예를 들면 당신에게는 발코니로 가는 선호하는 방법이 있을 것이다. 어떤 이는 혼자서 공원을 산책하는 것을 좋아하고, 또 다른 사람은 자기 얘기를 들어줄 친구와 커피 마시기를 선택하기도 한다. 자신에게 잘 맞는 방법을 활용해서 자신의 것으로 만들어 본인에게 최대한 도움이 되도록 하라.

나에게 노로부터 예스를 구하는 이 여정은 단 한 번으로 끝나는 여행이 아니라 궁극적으로 평생의 여정이라는 것을 깨달았다.

나는 이 여정을 오랫동안 해왔고 내가 살아있는 동안에 계속 할 것이다. 배워야 할 것이 아직도 많다. 하지만 한 가지 진실은 점점 더 확실해진다. **내 안에서의 예스보다 더 큰 예스는 없고, 내면의 승리보다 더 큰 승리는 없다는 사실이다.** 내면의 예스는 평정심과 만족감을 가져다주고 행복과 충족함을 더한다. 이것이 충분하고 유일한 승리인 것 같지만 그 이상도 존재한다.

타인과의 승리

다음 승리는 다른 사람과의 승리이다 – 직장 동료, 고객, 배우자나 아이들, 심지어 협상 대상자조차. 힘든 만큼 일단 자신에게서 예스를 이끌어내면 타인에게서 예스를 구하는 것도 좀 더 수월해진다. 보아왔듯이 각각의 여섯 단계들은 협상의 성공을 이루는 데 간과할 수 있는 필수조건들을 제시한다. 자신의 처지에서 생각해보는 것이 상대의 입장을 이해하는 데 도움을 준다. 내적 배트나BATNA를 개발하는 것이 외적 배트나BATNA를 발전시키는 데 유용하다. 인생의 설계를 다시 재정비하는 것이 다른 이와의 관계를 재정비하도록 도와주는 것이다. 협상의 핵심 열쇠는 내면에서부터 시작하는 데 있다.

힘든 회의나 협상의 난항 중에는 맞대응하고 싶은 충동이 일어나려 한다. 골치 아픈 회담이나 협상 전에 준비할 수 있는 여유가 있다면 6단계를 미리 훑어봐서 회담장이나 협상 테이블에 최악의 적군이 아닌 최상의 우군과 함께하는 것이다. 시간이 부족해 급히 서둘러야 하더라도 오랫동안 꾸준히 6단계를 훈련했다면 충분히 내면의 예스 방법을 신뢰할 수 있다. 갈등이 있더라도 발코니에 머무르며 침착하게 평정심을 유지할 수 있다.

더불어 자신에게서 예스를 이끌어내는 과정이, 갈등을 더 쉽게 해소할 수 있게 할 뿐만 아니라 실질적으로 처음부터 현재의 갈등이 일어나지 않도록 하는 데 도움을 준다는 사실을 알았다. 대응하지 않고 침착하게 제자리를 지킴으로써 화내는 것을 비껴갈 수 있고 좀처럼 인신공격으로 받아들이지 않는다. 나중에 후회할 만한 일이나 말들을 훨씬 덜 하는 것이다. 도움이 필요한 이들에게 진심 어린 존중과 순수하게 기꺼이 하는 태도를 보여준다면 문제가 더 심각해지는 상황에 이르기 전에 해결될 수 있다. 갈등 없이 타인과 자연스럽게 잘 어울릴 수 있게 되는 것이다.

전체를 위한 승리

40여 년 전 영광스럽게도 나는 로저 피셔와 함께 《YES를 이끌어내는 협상법》이라는 책을 집필했다. 우리의 목적은 사람들이 직장이나 가정 또는 지역사회에서 일어나는 적대적인 접근을, 서로의 차이점들을 해결하기 위한 협조적인 방법으로 바꿀 수 있도록 돕는 것이었다. 하지만 우리의 포부는 그보다 더 컸고 세상이 평화를 향해 한 발짝 나아가는 데 도움을 주는 것이었다. 로저와 나는, 엄청난 파괴의 시대에 우리의 능력으로 협력의 방식을 통해 문제를 해결해야 하는 운명에 처한 인류 자체를 염려했다.

오늘날 세상은 결핍과 부족, 폭력적인 분쟁으로 가득 차 있지만, 사실 기술혁명 덕택으로 모든 이에게 필요한 것이 충족될 만큼 풍족하다. 어떻게 굶주림을 끝낼 것인지, 어떻게 전쟁을 막을 것인지, 환경을 위해 어떻게 깨끗한 에너지를 쓸 것인지 우리는 알고 있다. 중요한 걸림돌은 바로 우리 자신이다. 다 같이 모여 협력하는 데 우리 스스로가 장애를 가지고 있는 것이다. 우리 자신과 우리의 아이들을 위해 좀 더 낫고 안전하고 건전한 세상을 만들기 위해서 우리 각자의 다른 점들을 건설적이고 창의적으로 해결할 수 있어야 한다. 예스 이끌어내기가 몹시 힘겨울 수 있지만 세상에서 가장 어려운 분쟁들 속에서 활약해온 나는 이것이 충분히 가능하다고 믿는다. 그 핵심적인 첫 번째 단계가 바로 자신으로부터 예스를 이끌어내는 것이다.

'자신으로부터 예스 이끌어내기'가 자신 주변의 모든 이들을 이롭게 하고 타인과의 승리뿐만 아니라 더 큰 세상과의 승리를 가능하게 하는 더 넓고 깊은 통찰력을 가져다준다. 자신에 대한 연구는, 모든 각각의 인간이 소중한 세상을 스스로 상상하고 만들 수 있도록 영감을 준다.

아마도 근래에 넬슨 만델라만큼 이러한 가능성을 더 잘 보여준 인물도 없을 것이다. 27년의 수감생활 동안 그는 발코니로 가서 자신을 관찰하고 들어보기 시작했다. "자기 자신을 아는 것을 배우세요. … 현실적이고 규칙적으로 자신의 마음과 감정의 변화를 살피기 위해서."[47] 그가 말한 가르침이었다.

만델라는 원망하기에 빠지지 않고 자신의 인생과 자신의 요구사항들 그리고 적과의 관계에 대해 철저한 책임을 지고 있었다. 모든 정황이 불리하게 진행됐지만 과감하게 인생을 재설정하고 인생을 자기편으로 택했다. 그는 오래된 회한이나 분노를 떨쳐내고 적들을 용서했다.

만델라가 출소했을 때 그는 존중과 포용의 뛰어난 정신으로 그가 마음속에 그린 새로운 남아프리카공화국의 모든 사람들을 받아들였다. 자신 내면의 행복을 그리며 그는 다른 이들에게 자기 자신을 아낌없이 베풀었다. 그 결과로 그는 아파르트헤이트Apartheid(인종차별정책)의 잔재를 청산하고 남아프리카공화국의 새 민주주의 시대를 여는 윈-윈-윈 합의로 그의 조국을 이끌 수 있었다.

다행히도 우리 대부분은 만델라가 겪었던 정도의 역경에 처하지는 않겠지만, 그가 보여준 영감을 우리의 일상생활에 기본 원칙으로 활용할 수 있다. 자신에게, 인생에게, 그리고 타인에게 예스라고 말하면, 우리가 하고 있는 윈-루즈 게임을 윈-윈-윈으로 바꾸는 근본적인 변화를 가져올 수 있다. 거기에는 우리 자신을 위한, 가족을 위한, 직장이나 사회를 위한 희망이 놓여 있다.

나는 내 인생 대부분의 직업적인 삶을 전쟁을 막거나 끝내도록 노력하는 데 바쳤다. 평화가 나의 열정이다. 만약에 40년 전 누군가가 나에게 평화로 가는 열쇠가 내면의 평화라고 말했다면, 나는 그들을 이상주의자나 비현실주의자라고 생각했을 것이다. 나는 협상의 전략에 초점을 맞추는 좀 더 현실적인 문제를 연구하기를 선호했다. **그러나 지금 나는 자신의 내면에 대한 필요한 연구를 하지 않고 지속적인 평화를 추구할 수 있다는 믿음이 비현실적이라는 것을 깨닫게 되었다.**

인생이라는 게임에서 승리

나의 큰 바람은 자신에게서 이끌어낸 예스가 단지 타인과 효과적으로 협상하는 능력을 향상시키는 데만 그치는 것이 아니라 좀 더 넓게, 자신의 인생을 더 낫게, 또 인간관계를 좀 더 건강하게 만드는 내면의 행복에 도달하는 데 도움이 되는 것이다. **내면의 태도를 노에서 예스로 바꾸면 가장 중요한 게임, 즉 인생이라는 게임에서도 이기는 데 도움이 된다.**

감당하기 힘든 역경이 닥친다 하더라도 그 안의 보상은 더욱 더 클 것이다. 마음의 평안과 진심이 가정의 평화와 일터에서의 평화, 그리고 더 큰 세상에 평화를 안겨줄 것이다.

성공을 거두기 바라며……, 그리고 평화가 함께하길!

감사의 글

이 책은 10년 전쯤 오직 한 사람의 독자 – 나 자신 – 를 위해, '어떻게 자신에게서 예스를 더욱 더 효과적으로 이끌어낼 수 있을까?' 하는 방법을 배우고자 노트에 끄적거리며 시작하게 되었다. 책은 내 인생과 주변 사람들에게 닥친 시련을 담은 지극히 개인적인 내용으로, 나 자신의 내면을 깊숙이 들여다볼 수 있게 해주었다. 계획서 짜기를 좋아하는 나는 기억해야 하는 일들의 간단한 계획서 만들기부터 시작했다. 나중에 계획표가 완성되었을 때 가족이나 친구들에게 보여주며 남들에게 쓸모가 있을지도 모른다고 생각했다.

지인들의 격려로 일은 순조롭게 성사되었다. 이 책이 쓰이기 이전부터 책에 대한 믿음을 줬던 Curt Manfred Mueller에게 진심으로 감사를 표한다. 여러 번의 산책을 하면서 통찰력 있는 피드백과 열성적인 지지를 보내준 David Friedman, Robert Gass와 내가 끝까지 해낼 수 있도록 격려 어린 말들을 해준 David Baum, Francisco Diez, Patrick Finerty, Mark Gerzon, Margo King, David Lax, Jamil Mahuad, Ronald Mueller, Simon Sinek, Gary Slutkin, John Steiner에게 감사드린다. 그리고 초안에 수많은 편집 조언을 해준 Donna Zerner에게도 역시 고마움을 전한다.

알맞은 이야기를 찾아 메시지를 전달하는 일이 결코 쉽지 않았다. Robert Chapman, Judith Ansara Gass, Adam Grant, Scott Harrison, Azim Khamisa, Jamil Mahuad, Paloa Mahuad, Jill Bolte Taylor, Gabi Ury, Lizanne Ury, Dennis Williams, Jerry White 모두가 자신들의 교훈적이고 감동적인 이야기를 들려주신 데 대해 감사하다. 특히 나에게 성공적인 갈등 해결 사례를 이 책에 쓰게 해준 Abilio Diniz의 우정과 관대함에 큰 은혜를 입었다.

여러모로 이 프로젝트에 이해와 지지를 보내준 에이전트를 만난 걸 큰 행운이라 생각한다. Jim Levine은 원고의 전개 방향을 제시해주었고 훌륭한 출판사도 찾아주었으며, 책이 나오는 과정 내내 귀중한 충고도 아끼지 않았다. 진정한 친구가 되어준 그와 그의 가족, 동료들에게 무한한 감사를 보낸다.

HarperOne에는 유능한 편집팀이 있는데, 내 편집인인

Genovera Llosa이다. 그녀의 사려 깊은 원고 재검토와 이론과 표현을 견고히 하는 해박한 편집 제안들이 그녀와 같이 작업하는 내내 큰 즐거움을 주었다. 그녀와 팀원들 Mark Tauber, Claudia Boutote, Kim Dayman, Melinda Mullin, Gideon Weil, Miles Doyle, Michele Wetherbee, Dwight Been, Terri Leonard, Natalie Blachere, Laurie McGee, Carol Kleinhubert 그리고 Hannah Rivera에게 심심한 감사를 전한다.

글쓰기가 좀 더 쉬웠던 이유는 내 사무실을 운영하며 내 시간을 지켜준 유능한 직원들이 있었기에 가능했다. 헌신적이고 매우 숙련된 보좌로 내게 도움을 준 Cathy Chen-Ortega와 그녀의 전임자였던 Essrea Cherin과 Myka McLaughlin에게도 감사하다. 자연에서 집필의 피난처 역할을 해주었던 Aspen Winds에서 일하는 친절한 사람들 Dot, Phil, Sharon, Ryan에게도 고마움을 전하고 싶다.

책이 완성되어 갈수록 탐구하고 있던 자아의 내부 세계와 협상의 외부 세계 사이에 튼튼한 다리를 어떻게 연결할 수 있는가에 대한 난제들이 드러났다. 다리를 만드는 이 과정을 초안 원고에 대해 사려 깊은 피드백을 해주는 다양한 독자들에게 시도해 볼 수 있을 만큼 운이 좋았다. Goldie Alfasi, David Baum, Barry Berkman, Shelby Boyer, Todd Brantley, Helena Brantley, Sara

Davidson, Francisco Diez, Renee DuPree, Lindsay Edgecombe, Patrick Finerty, Norman Galinsky, Mark Gerzon, Bill Gladstone, Daniel Greenberg, Margo King, Joan Levine, Joshua Levine, Jamil Mahuad, Kiana Moradi, Leopoldo Orozco, Shana Parker, Julissa Reynoso, Stephanie Rostan, Raphael Sagalyn, Monica Sharma, John Siffert, David Sikes, Linsey Moses Sikes, Roberta Sotomaior, Kerry Sparks, John Steiner, Danielle Svetcov, Elizabeth Ury, Monika Verma, Lauren Wasserman, Joshua Weiss, John Wilcockson, Tim Wojcik 에게 감사하다.

끝으로 이 책은 내 경험과 스승으로부터 배워온 결과물이다. 나의 스승들에게 이 책을 바치고 싶다. 나의 10대 시절 프리드리히 니체Friedrich Nietzsche나 랄프 왈도 에머슨Ralph Waldo Emerson, 헨리 데이비드 소로Henry David Thoreau의 책에서 무슨 일이 일어나더라도 인생에 예스를 외친다는 그들의 철학에 나는 깊은 영감을 얻었다. 언어의 면밀한 연구와 Mohandas K. Ghandi의 인생으로부터 어떻게 근본적인 내면의 연구가 외부의 행동이 되는지 배움을 얻었다. 20대에 로저 피셔는 나에게 열성적으로 협상 학문을 소개했고, 이것이 내 일생의 작업이 되도록 명상, 교육, 집필 등을 인심 좋게 가르쳐주었다. 나를 스승에게 소개해준 나의 아주머니 Aline Gray와 Frank Fisher에게도 크나큰 은혜를 입었다.

고등학생이 된 이후로 나는 줄곧 플라톤Plato, 노자, 라마나 마하르시Ramana Maharshi의 철학과 가르침에 열광적인 독자였지만 근래에는 나의 친구 Prem Baba가 주는 직접적인 가르침에서 도움을 얻고 있다. 그의 분명하고 직관적이며 애정 어린 가르침에 깊이 감사드린다.

나의 가장 큰 은인, 아내 리젠－사랑과 지지로 내가 끝까지 버틸 수 있도록 해주었다. 무한한 보살핌과 격려로 각각의 많은 초안들을 경청해주었고 그녀에게서 감사함, 존재함, 마음의 모든 일들에 대해 돈으로 살 수 없는 값진 교훈들을 배웠다. 아내와 나의 세 아이 크리스, 토머스 그리고 개비가 나에게는 가장 큰 축복이다.

참고문헌

• 협상에 들어가며

1) "당신이 가진 모든 문제에 책임이 있는 사람을 쫓아내야 한다면, 당신은 한 달 동안 앉아 있지도 못할 것이다." 이 문장은 온라인 BrainyQuote.com에서 인용한 것이다. www.brainyquote.com/quotes/quotes/t / theodorero120663.html.

• 1단계

2) 〈파이낸셜타임스〉는 이 분쟁을 "역사상 가장 거대한 대륙 간 이사회 폭로전"이라고 일컬었다. "분쟁에 사로잡혀 나이만 먹게 된 브라질의 백만장자 제과업자(Brazil Billionaire Baker Who Came of Age in Captivity)", 〈Financial Times〉, 2011년 7월 1일자.
3) 엄마의 증언. 《두려움 없는 둥지 : 위대한 스승으로서의 우리의 아이들(Fearless Nest: Our Children as Our Greatest)》의 저자 샬롯 Z. 로테르담(Charlotte Z. Rotterdam)이다. 샤나 스탠베리 파커(lulu.com, 2010)가 편집했

다. 더 자세한 정보는, www.fearlessnest.com을 보라.

4) "평가하지 않고 지켜보는 것이 가장 큰 지혜이다."라는 지두 크리슈나무르티의 이 말은 내 친구 마셜 로젠버그에게서 들었다. 또한 유러피안 대학원(The European Graduate School)에서 발견하기도 했다.(http://www.egs.edu/library /jiddu - krishnamurti/biography/)

5) 우리는 하루에 1,200가지에서 6,000가지 정도의 생각들을 한다고 심리학자들은 추정한다. 대부분의 생각(최대 80퍼센트에 이르는)이 다소 부정적인 것들인데, 실수를 곱씹어보거나 죄책감에 힘들어하고 불충분한 것들에 대해 생각하는 것 등이다. ("당신의 부정적인 생각과 그만 싸우세요!", 〈Psychology Today〉, 2013년 5월 7일) (http://www.psychology today.com/blog/shyness - is - nice/201305/stop - fighting - your - negative - thoughts). 또, 서던캘리포니아대학교 뉴로이미징연구소(University of Southern California's Laboratory of Neuro Imaging)의 정보를 찾아보라. (http://www.loni.usc.edu/about_loni /education/brain_trivia.php.)

6) "당신이 당신 자신에게 말하듯이 친구에게 말한다면 아마 당신 곁에는 아무도 남아 있지 않을 것이다." 이 말을 나는 데이비드 바움(David Baum)에게서 들었다. 이 문장의 변형문은 http://behappy.me/OneToughMother Runner/if - you - talked - to - your - friends - the - way - you - talk - to - your - body - - youd- - have- - no- - friends- - left- - 21380 와 http://www.experienceproject .com/question - answer/If - Someone - In - Your - Life - Talked - To - You - The - Way - You - Talk - To - Your - Self - Sometimes - How - Long - Would - They - Be - - There/452083. 에서 찾을 수 있다.

7) "슬픔은……, 우리 집안의 남자들에게는 용납되지 않았어. 내 조상들 중 일부는 슬프다는 걸 감추기 위해 종종 화를 내곤 했지." (《내공의 리더십: 목적, 명쾌함, 임팩트로 이끌기(Centered Leadership: Leading with Purpose, Clarity,

and Impact)》, 조앤너 바시(Joanna Barsh) 지음, Crown Business, 2014년, pp.236~237)

8) 아서 왕의 옛 이야기는, 왕실에서 온 젊은 기사가 성배를 찾기 위해 열의를 불태우는 내용이다. 이 성배에 관한 이야기는 변형본이 많은데, 나는 이 책을 엘리야에게 빌렸다.

9) 인본주의 심리학자인 칼 로저스(Carl Rogers)는 다음과 같이 말했다. "이상한 역설은 나 자신을 받아들일 때 내가 변한다는 것이다." 《한 사람이 되기까지: 치료사의 관점에서 본 심리치료(On Becoming a Person: A Therapist's View of Psychotherapy)》 (Mariner Books, 1995년, p.17.)

• 2단계

10) 1982년의 타이레놀 사건. 타이레놀 이야기의 좀더 자세한 내용은, N. R. 클라인펠트(N. R. Kleinfeld)가 쓴 "타이레놀의 신속한 컴백(Tylenol's Rapid Comeback)"(〈뉴욕타임스〉, 1983년 9월 17일자)이라는 기사에서 확인할 수 있다.

11) "난 불운으로 인해 인생을 망쳐버린 냉소적이고 징징대는 제리라는 내 이미지가 싫었어." (《나는 부서지지 않으리: 인생의 위기를 극복하는 5단계(I Will Not Be Broken: 5 Steps to Overcoming a Life Crisis)》, St. Martin's Press, 2008년, p.58.)

12) 심리학자 데이비드 슈나르크(David Schnarch) 박사의 《열정적인 결혼: 사랑과 신뢰가 살아 있는 공동체 관계 유지하기(Passionate Marriage: Keeping Love and Intimacy Alive in Committed Relationships)》 (Henry Holt, 1997년, p.124.) 슈나르크 박사가 책에 쓴 원래 가명은 빌(Bill)과 조앤(Joan)이다.

13) "난 더 이상 우리가 얼마나 대화를 안 하는지 신경 쓰지 않고 당신에게 그렇게 하라고 닦달하지 않을 거예요. 하지만 더 이상 당신에게 잔소리하

거나 나무라지 않는다고 내가 그 방식 그대로를 인정한다고 생각하지는 마세요. 나 자신을 위해 난 당신이 나에게 말을 걸어준다는 사실에 기뻐할 만큼 불쌍해지고 싶지는 않아요. 그리고 당신이 소리 지르는 아내 때문에 항상 부담감을 느끼는 걸 원치 않아요. 이제부터 당신이 하는 행동들은 당신이 정말로 어떻게 살고 싶은지를 보여주는 당신의 결정이라고 이해하고, 나도 내 인생을 그런 식으로 결정할 거예요." (데이비드 슈나르크 지음, 《열정적인 결혼》, p.124.)

• 3단계

14) "'세상은 우호적인 곳인가?' 이는 우선시 되어야 할 가장 기본적인 질문으로, 모든 이들이 스스로에게 대답해야 할 것이다."라고 그는 단언했다. (로버트 D. 딜츠(Robert D. Dilts) 지음, 《천재들의 전략: 제2권(Strategies of Genius : Volume II)》, Meta Publications, 1994년, pp.20~21.)

15) "인간이라는 존재는 소위 말하는 우주라는 천체에서 시간과 공간이 제한된 일부분이다. 그는 그 자신을 상대로 생각과 감정을 그 외의 것들로부터 분리시키는 실험을 하려 했다. 일종의 의식의 시각적 망상 같은……." 아인슈타인이 서술한 한 구절이다. (월터 설리번(Walter Sullivan) 씀, "아인슈타인의 노트: 많은 자아를 가진 남자(The Einstein Papers : The Man of Many Parts)", 〈뉴욕타임스〉, 1972년 3월 29일자). 이 기사는 현재 http://news.google.com/newspapers?nid=1964&dat=19720329&id=sYMyAAAAIBAJ&sjid=x7cFAAAAIBAJ&pg= 6595,5077091.에서 확인할 수 있다.

16) "우리의 좌뇌는 순차적으로 생각하고 창작하며 언어를 이해하고 어디서 시작할지와 끝낼지의 경계를 결정하고 잘잘못을 가립니다. 또 세부사항의 우두머리로 세부항목을 더 세심하게 더 세분화해서……. 이 좌

뇌는 타인과 차이점에 관심을 보이고 자신과 다른 이들을 비판하는 것을 전문적으로 합니다." ("우리 지구는 통찰의 쇼크가 필요한가?(Does Our Planet Need a Stroke of Insight?)", 〈허핑턴포스트〉, 2013년 1월 3일자, http://www.huffingtonpost.com/dr-jill-bolte-taylor/neuroscience_b_2404554.html.) 더 심도 싶은 내용을 보려면, 질 볼트 테일러(Jill Bolte Taylor)가 쓴 《나를 알고 싶을 때 뇌를 공부합니다(My Stroke of Insight: A Brain Scientist's Personal Journey)》(Plume, 2009년) 책을 보라.

17) 그렇다면 우리는 어떻게 이런 시각을 다시 재정비해서 부족하다고 느끼는 생각을 충분하다고 아니면 풍족하다는 생각으로 바꿀 수 있을까?, 나는 스티븐 코비(Stephen Covey)와 린 트위스트(Lynn Twist)의 '상처 받은 마인드셋으로부터 풍요로움과 충만함이 넘치는 마인드셋으로의 전환에 대한 아이디어'라는 빛에 대해 감사의 말을 전하고 싶다. 더 깊이 있는 탐구를 원한다면, 스티븐 코비의 《성공하는 사람들의 7가지 습관(The 7 Habits of Highly Effective -People: Powerful Lessons in Personal Change)》(Free Press, 1989년)과 린 트위스트의 《돈 걱정 없이 행복하게 꿈을 이루는 법(The Soul of Money: Transforming Your Relationship with Money and Life)》 (W. W. Norton, 2003년) 책을 보라.

18) "배워야 할 점은 우리의 갈망이나 걱정이 조금 과장되어 있다는 것인데, 왜냐하면 스스로가 지속적으로 뒤쫓고 있는 산물들은 본인이 만든 능력 안에 있기 때문이다.", 대니얼 길버트(Daniel Gilbert)의 테드(TED) 강연, "행복의 놀라운 과학(The Surprising Science of Happiness)", https://www.ted.com/talks/dan_gilbert_asks_why_are_we_happy를 참조하라. 더 자세한 분석을 위해서는, 대니얼 길버트의 《행복에 걸려 비틀거리다(Stumbling on Happiness)》(Knopf, 2006년)를 보라.

19) "어렸을 적 나에게는 성공한 삶의 모습이 있었어요. 두 개의 휴대전화를 가지고 종일 일하면서 여행하는 것이었죠. 저는 지금 그것들을 다 이뤘

습니다. 그런데 어느 날 잠에서 깼을 때 저는 슬프고 마음이 공허함을 느꼈어요. 불완전한 기분이었죠. 내가 이룬 모든 것이 아무 의미 없었으니까요. 그 무엇도 내가 원하는 평온과 고요는 줄 수 없었죠.", 이 문장은, 2013년 12월 1일, 라디오쇼 'Caminhos Alternativos'에서 진행한 페트라 차베스(Petra Chaves)와 파비올라 시드랄(Fabiola Cidral) 사이의 인터뷰에서 따왔다.

20) "우리는 사람들이 규칙적으로 감사함을 연습할 때 심리적으로나 육체적으로 또 사회적으로 다양한 혜택을 경험한다는 과학적 증거를 발견했다. 몇몇의 경우, 감사함이 인생의 변화를 이끈다는 보고가 있기도 하다. 그리고 중요한 점은 일상적으로 감사하다고 말하는 사람들과 어울려 있는 가족 구성원, 친구, 연인이나 그 외 사람들은 좀 더 행복하고 좀 더 유쾌하다는 것이다. 나는 감사함이 인생을 바꿀 수 있는 몇 가지 자세 중의 하나라고 결론 내리게 되었다.", 로버트 에먼스(Robert Emmons) 박사가 쓴 감사함에 관한 기사 "먼저 베풀라(Pay It Forward)"(최신 수정본 2007년 6월 1일자), http://greatergood.berkeley.edu/article/item/pay_it_forward)에서 인용했다. 더 깊이 있는 내용을 보려면, 로버트 에먼스 박사의 《감사합니다!: 감사함을 실천하는 것이 어떻게 당신을 행복하게 만드는가(Thanks!: How Practicing Gratitude Can Make You Happier)》(Mariner Books, 2008년) 책을 보라.

21) 비트겐슈타인이 말한 '절대적 안전'에 대해서는, 루트비히 폰 비트겐슈타인(Ludwig von Wittgenstein)의 1929년 작 《윤리학 강의(A Lecture on Ethics)》(재출간본 http://www.geocities.jp/mickindex/wittgenstein/witt_lec_et_en.html)를 참조했다.

22) 《죽음의 수용소에서》에서 빅터 프랭클 박사는 나치의 집단 수용소에서 모진 병마와 싸운 그의 환자였던 젊은 아가씨의 얘기를 들려준다. 빅터 프랭클 박사 이야기는 자신의 책 《죽음의 수용소에서(Man's Search for Meaning)》(Beacon Press, 2006년, 킨들 에디션)에 기록하고 있다.

• **4단계**

23) 조사 심리학자 미하이 칙센트미하이 지음, 《몰입(Flow: The Psychology of Optimal Experience)》, Harper Perennial Modern Classics, 2008년.

24) "그건 굉장히 이상한 기분이에요. 마치 시간이 천천히 흘러서 모든 걸 아주 선명히 볼 수 있는 것처럼 말이죠. 나의 테크닉의 모든 부분이 아주 정확하다는 걸 알 수 있죠. 전혀 힘들지 않고 내가 트랙 위에 떠 있는 것 같아요. 모든 근육이나 조직, 힘줄이 완벽히 조화롭게 움직이고 환상적으로 잘 달릴 수 있죠." 마크 리처드슨(Mark Richardson)의 이 말은 제프 그라우트(Jeff Grout)와 새라 페린(Sarah Perrin)의 책 《마인드 게임(Mind Games: Inspirational Lessons from the World's Finest Sport Stars)》(Capstone/Wiley, 2006년)에서 인용했다.

25) "진실을 말해주세요. 당신이 감옥에서 풀려난 후 길을 걸어 내려올 때 그들을 증오하지 않았나요?" "만델라는 아파르트헤이트라는 '악마'를 물리쳤다(Mandela Beat Apartheid 'Demon': Clinton)"(〈뉴스24〉, 2013년 7월 18일자), http://www.news24.com/SouthAfrica/News/Mandela-beat-apartheid-demon-Clinton-20130718.

26) "우리는 상처받은 채로 살 수 없습니다. 때가 되면 자신에게 일어난 일들과 허비해버린 시간들을 받아들여야 해요. 과거에 산다는 것은 오직 자신을 괴롭게 만들 뿐이죠." "크리스토 브랜드 & 부숨지 맥콩고(남아프리카)(Christo Brand & Vusumzi Mcongo (South Africa))", (〈포기브니스프로젝트〉, 2010년, 3월 9일자), http://theforgivenessproject.com/stories /christo-brand-vusumzi-mcongo-south-africa/.

27) "살면서 실수를 하게 됩니다. 피해갈 수 없죠. 그러나 당신이 실수를 한 후 그 실수를 보며 당신 스스로를 용서해야 합니다. 만일 그 실수에 매달린다면 거울에 비친 자신의 아름다움을 볼 수 없습니다. 왜냐하면 당신과

거울 사이에 실수가 자리잡고 있으니까요." "웃고 기꺼이 사랑하기(Laugh and Dare to Love)", (초판 발행은 1995년 마야 안젤루(Maya Angelou)와의 인터뷰), http://www.context.org/iclib/ic43/angelou/.

28) "내 인생은 일어나지도 않은 무시무시한 불행들로 가득찼다." 결국 두려움은 상상했던 그 위험보다 더 많은 손실을 주었다. 그러면서 몽테뉴는 "두려워하는 이는 고통 받는다." 나는 이 문장을 BrainyQuote.com 사이트에서 발견했다. www.brainyquote.com/quotes/quotes/m/micheldemo108601.html를 보라.

29) 내 친구 주디스 로테르담(Judith Rotterdam)이 쓴 《두려움 없는 둥지(Fearless Nest)》의 102~103페이지. 주디스에 대해 더 자세한 정보를 알고 싶다면, 주디스의 웹사이트 www.sacredunion.org를 보라.

• 5단계

30) 분위기가 팽팽했다. 이 사례는 2014년 6월에 있었던 데니스 윌리엄스(Dennis Williams)와의 대화중에 있었던 일이다.

31) 내가 이 책을 집필하는 동안 며칠간, 시리아와 터키의 접경에 머물며 격렬한 내전의 종식을 가능케 할 시리아 반군 지도자와의 심도 있는 인터뷰를 도운 일이 있었다. 이 인터뷰는 하버드-NUPI-3자 시리아 리서치 프로젝트의 후원으로 완성되었고, 《시리아 내전 해결을 방해하는 장애물(Obstacles to a Resolution of the Syrian Conflict)》(데이비드 레시(David Lesch), 프리다 놈(Frida Nome), 조지 사지르(George Saghir), 윌리엄 유리(William Ury), 매튜 왈드먼(Matthew Waldman) 지음, 2013년 9월)이라는 제목의 리포트로 출간되었다.

32) "우리가 원수의 비밀스런 역사를 알 수만 있다면 그런 모든 적개심을

무장해제시킬 각자의 슬픔과 고통을 찾아낼 수 있을 텐데……." 이 말은 헨리 워즈워스 롱펠로가 쓴 《헨리 워즈워스 롱펠로 산문집: 바다를 건넌 방랑자(The Prose Works of Henry Wadsworth Longfellow: Outre Mer and Driftwood)》(Houghton Mifflin, 1886년)에서 인용했다.

33) "명상하는 사람의 증대된 연민은 인위적인 사회적 구분 – 민족적 배경, 종교, 이념 그리고 그 외의 우리를 분리시키는 것들 – 을 해소하는 명상의 힘으로부터 나온 것 같다." 데이비드 데스테노가 쓴 "회색이 중요하다: 명상의 도덕성(Gray Matter: The Morality of Meditation)"(〈뉴욕타임스 선데이 리뷰(New York Times Sunday Review)〉, 2013년 7월 5일자)을 참조했다. http://www.nytimes.com/2013/07/07/opinion/sunday/the--morality--of--meditation.html?hp.

34) 래리는 멕시코 여성과 결혼해 그녀의 가족 중 처음으로 히스패닉계가 아닌 일원이 되었다. 톰 홀먼 주니어(Tom Hallman Jr.)의 "선생님, 학생, 그리고 39년의 오랜 용서의 교훈(A Teacher, a Student, and a 39-Year-Long Lesson in Forgiveness)" 인터뷰를 참조했다.(http://www.oregonlive.com/living/index.ssf/2012/04/a_teacher_a_student_and_a_39--y.html).

35) 링컨이 잠시 멈추고 그 화난 북부군 지지자를 부르며 물었다. 클리프턴 패디먼(Clifton Fadiman)이 편집한 《리틀 브라운 일화집(The Little Brown Book of Anecdotes)》(Little Brown, 1985년, p.360)을 참조했다.

36) "타리크가 죽었다는 소식을 전화로 들었을 때, 너무도 고통을 참기 힘들어서 마치 내 영혼이 몸을 떠나는 것 같았죠." "아짐 카미사 & 플레스 펠릭스(Azim Khamisa & Ples Felix)(미국)," 2010년, 3월 29일자, http://theforgivenessproject.com/stories/azim-khamisa-ples-felix-usa/

37) 여행 개시 이후 아브라함의 길은 중동 지역의 여러 나라를 거치는, 문화적으로 검증된 도보 경로로 세계 각지에서 수천 명의 여행객이 찾았고, 〈내셔널 지오그래픽 트래블러(National Geographic Traveller)〉 잡지는 세계 최

고의 신(新) 도보 경로로 선정했다. 벤 레윌(Ben Lerwill)의 기사 "세계 최고의 도보 명소 10군데: 웨일스 및 뉴질랜드부터 발칸반도와 중동에 이르기까지 최고의 신(新) 도보 경로를 발견하다(Ten of the Best New Trails: Discover the Best New Hikes from Wales & New Zealand to the Balkans and the Middle East)"(〈내셔널 지오그래픽 트래블러(영국판)〉, 2014년 4월호, pp.72~73)를 참조했다.

• **6단계**

38) 조사에서 보인 베풀기의 실질적인 이득은 아주 훌륭하다. 《기브 앤 테이크(Give and Take: A Revolutionary Approach to Success)》(애덤 그랜트 지음, Viking, 2013년, p.7)

39) 모두가 그와 같이 일하고 싶어 했고 그가 부자가 될 수 있었던 것은 동료들 덕이었다. "리카싱의 생각(Thoughts of Li Ka--Shing)"(〈포브스(Forbes)〉, 2006년 12월 29일자), http://www.forbes.com/2006/12/29/li--ka--shing-biz-cx_tf_vk_1229qanda.html.

40) 믿을 수 있는 연구들이 이 사실을 뒷받침하는데, 네덜란드의 심리학자 카르스텐 드 드류(Carsten De Dreu) 교수는 서로 다른 협상모의 실험 28개에 대한 연구의 광범위한 분석을 내놓았는데, 가장 유능한 협상가는 협조적인 접근법을 이용해서 양쪽 모두의 요구사항을 충족시키는 데 초점을 맞춘다는 것을 밝혀냈다. 카르스텐 드 드류, 로리 R. 웨인가르트(Laurie R. Weingart), 권승우(Seungwoo Kwon)의 논문 "통합적 협상으로 나아가기 위한 사회적 움직임의 영향: 메타-분석 리뷰와 2가지 이론 테스트(Influence of Social Motives on Integrative Negotiation: A Meta--Analytic Review and Test of Two Theories)",(〈인간성과 사회 심리 저널 78(Journal of Personality and Social Psychology 78), 2000년, pp.889~905)를 인용한 애덤 그랜트의 《기브 앤 테이

크》, 213페이지를 참조했다.

41) '대화중에 그 대리인이 많이 화난 걸 느낄 수 있었어. 비교되는 다른 선수에 대해 몇 가지 지적했지만 대화에 열을 올리느라 내가 그의 말에 귀를 기울이지 않은 것 같군. 나쁜 인상만 남기겠는 걸.' 애덤 그랜트의《기브 앤 테이크》, 250~254페이지를 참조했다.

42) "내게 주어진 디폴트값은 베푸는 것이죠." 애덤 그랜트의《기브 앤 테이크》, 22페이지를 참조했다.

43) "내가 무엇이 되어 있는지 보았습니다. 나에게 가치 있던 그 모든 것들을 멀리하며 10년 동안 이렇게 천천히 태워버린……. 나는 정서적으로 파산했고 나의 영혼도 파산했으며 도덕적으로 파산했습니다. 내 주위를 살펴보자 그 누구도 행복하지 않았습니다. 마치 베일이 벗겨진 것 같았습니다. 결코 충분히 만족할 만한 여자는 없을 것이고, 충분히 만족할 만한 돈도 없을 것이며, 충분히 만족할 만한 지위도 없겠죠." 스콧 해리슨(Scott Harrison)의 이야기는 http://www.charitywater.org/about/scotts_story.php에서 참조했다.

44) "저는 제 자신을 위해 기록을 깨려고 했었죠. 왜냐하면 그게 제가 원하는 거였거든요. 그런데 제가 이 일을 사명감을 가지고 할 수 있다는 생각이 들었어요. 저는 그 생각이 정말 마음에 들었고 특히 어린이 병원을 위해서 할 수 있다고 생각했어요. 병원 사람들이 저를 걷거나 뛸 수 있게 도와줬을 뿐만 아니라 제가 어떤 특별한 일을 할 수 있도록 도와주었습니다. 저는 저와 같은 처지에 있는 아이들을 도와서 그 아이들이 좀 더 나은 경험을 할 수 있도록 돕고 싶었어요. 기금을 모으고 많이 알려서 제가 하는 플랭크가 세계기록보다 특별한 것이 되었으면 좋겠어요." 개비 유리(Gabi Ury)의 웹사이트 http://www.gabiury.com를 참조했다.

45) 그녀의 소식이 세계 도처에 전해졌고, 그녀가 세계기록을 깨는 영상 비디오는 150여 개국 넘는 국가에서 방영되었다. 이 정보는 영상을 제작한

스티브 프리올라(Steve Priola)가 알려준 것이다.

46) 인본주의 심리학자인 에이브러햄 매슬로(Abraham Maslow)는 이러한 현상을 '요나 콤플렉스(Jonah Complex)'라 칭하며, '자신의 재능을 연마하고 운명을 따르기를 회피하는 두려움'이라고 설명한다.《인간 본성에 더 다가가다(The Farther Reaches of Human Nature)》(에이브러햄 H. 매슬로 지음, Penguin, 1993년)을 참조했다.

• 협상을 마치며

47) "자기 자신을 아는 것을 배우세요. … 현실적이고 규칙적으로 자신의 마음과 감정의 변화를 살피기 위해서."《만델라 자서전(Mandela : The Authorized Biography)》(앤서니 샘슨(Anthony Sampson) 지음, Vintage Books, 2012년, 킨들 에디션, 제17장).